重庆好人传

2021年

中共重庆市委宣传部
重庆市文明办

组编

重庆大学出版社

图书在版编目（CIP）数据

重庆好人传.2021年/中共重庆市委宣传部，重庆
市文明办组编.--重庆：重庆大学出版社，2022.12
ISBN 978-7-5689-3541-8

Ⅰ.①重… Ⅱ.①中… ②重… Ⅲ.①人物—先进事
迹—重庆—现代 Ⅳ.①K820.871.9

中国版本图书馆CIP数据核字（2022）第166765号

重庆好人传·2021年

CHONGQING HAOREN ZHUAN 2021 NIAN

中共重庆市委宣传部
重庆市文明办 组编

策划编辑：张菱芷 刘雯娜

责任编辑：谭 敏 版式设计：琢字文化
责任校对：王 倩 责任印制：赵 晟
*
重庆大学出版社出版发行
出版人：饶帮华
社址：重庆市沙坪坝区大学城西路21号
邮编：401331
电话：（023）88617190 88617185（中小学）
传真：（023）88617186 88617166
网址：http://www.cqup.com.cn
邮箱：fxk@cqup.com.cn（营销中心）
全国新华书店经销
重庆市国丰印务有限责任公司印刷
*
开本：787 mm×1092 mm 1/16 印张：9.5 字数：210千
2022年12月第1版 2022年12月第1次印刷
ISBN 978-7-5689-3541-8 定价：68.00元
审图号：渝S（2022）026号

编委会

主　编

曹清尧

副主编

马岱良

参编人员

张　萌　方　璇　陈杏梅　周建华　黄仕恒
石　榴　程安琪　史智彦　邓世碧　李雨涵

序言

　　2022年8月13日，习近平总书记给"中国好人"李培生、胡晓春回信，勉励他们积极传播真善美、传递正能量，带动更多身边人向上向善。近年来，中共重庆市委宣传部、重庆市文明办广泛开展"我推荐我评议身边好人"活动，积极发动基层群众和广大网民举荐推选身边的好人好事，涌现出一大批可亲可敬、可信可学的"重庆好人"，产生了广泛的社会影响和良好的教育效果。截至2021年底，全市评选推出"重庆好人"2518人（组），其中276人（组）荣登"中国好人榜"，成为新时代重庆一道亮丽的风景，树起了道德实践的榜样。

　　一个人带动一群人，一群人温暖一座城。"重庆好人"来自基层一线，奋战在各行各业，他们或是助人为乐的"雷锋"，用滚烫的心、热情的手，扶危救困、雪中送炭；或是见义勇为的英雄，以生命捍卫生命，知险而前、义无反顾；或是诚实守信的榜样，把信守承诺写成生命的历程，无愧天地、无愧他人；或是敬业奉献的模范，视事业如生命，视责任如泰山，忠于职守、勇担使命；或是孝老爱亲的楷模，奉养老人侍亲至孝，勤俭持家抚育儿女，至爱无言、血脉情深；或是自强不息的"超人"，以百倍努力成就自我，无惧坎坷、热爱生活，让山城充满蓬勃生机和无限希望。

　　《重庆好人传·2021年》一书，收录了2021年度评出的118人（组）"重庆好人"，其中28人（组）荣评"中国好人"。他们在普通岗位上、日常生活中默默耕耘，没有激动人心的豪言，没有惊天动地的壮举，只有匆忙的步伐和执着的付出，用实际行动把平凡的事情做得不平凡，使简单的道理变得不简单，让幸福美好之花在你我身边处处绽放。比如，柴海燕扶贫助困二十年，将美丽的青春奉献给公益事业，在志愿服务道路上砥砺前行；王红旭那千年渡口边的纵身一跃，以年轻的生命挽救落水孩童；高利华用情九载照顾孤女，把信守承诺写进生命手册；张文喜退休不退志，将毕生心血献给关心下一代工作，身患癌症却依然用爱为留守儿童撑起一片天；张吉莲十年如一日悉心照料家中4位老人，用孝心与感恩撑起家的港湾；廖克力勇敢追梦，"克"难而上、"力"风翻盘，独臂男孩三战残奥终夺金……

党的二十大报告强调，发挥党和国家功勋荣誉表彰的精神引领、典型示范作用，推动全社会见贤思齐、崇尚英雄、争做先锋。当前，重庆正在奋力书写全面建设社会主义现代化新篇章，提高市民文明素质和社会文明程度的任务更加凸显，需要进一步加强思想道德建设，大力学习宣传先进典型，积极弘扬社会新风正气。我们编写此书，为普通平凡的身边好人树碑立传，以广泛传播他们的感人事迹和高尚精神，充分展示"好人在身边""重庆好人多"的良好形象。希望"重庆好人"继续发挥好榜样作用，积极传播真善美、传递正能量；希望社会各界尊崇好人、关爱好人，树立"德者受尊、好人好报"的鲜明价值导向，共同撑起社会的道德晴空；希望更多的人从小事做起、从自己做起、从现在做起，争做社会的好公民、单位的好员工、家庭的好成员，为实现民族复兴奉献自己的光和热。

编委会

目录

重庆好人传

Chongqing Haoren Zhuan

2021 年

落日下的重庆广阳岛 / 鞠芝勤

南川金佛山 / 陈荣森

Chongqing Haoren Zhuan

Chongqing Haoren Zhuan

重庆巫山小三峡——小小三峡景区 / 唐安冰

忠县石宝寨 / 余鸿

涪陵武陵山大裂谷天门洞索桥 / 杨润渝

夔门 / 唐安冰

Chongqing Haoren Zhuan

重庆市人民大礼堂／张坤琨

一月·二月

小传　　周庆书，1952年生，重庆市大渡口区人。省吃俭用，关心社区儿童和困难居民，9年来义务缝制"爱心棉衣"近千件。

周庆书

　　每年入冬前，大渡口区春晖路街道古渡春色小区的广场总是热闹非凡。"周婆婆又来发棉衣了！"人们手上拿着厚实的棉衣，笑脸盈盈。人们口中的"周婆婆"，便是周庆书。

　　自2012年起，周庆书每年都要在12月前赶制一批棉衣，赠送给社区有需要的居民。从买布匹棉花，到缝纫制作，再到分发，全都由她一人包办。周庆书操作一台40多年"高龄"的老式缝纫机，一件大人穿的中式棉衣，一天就能做完。她做的棉衣样式新颖时髦，人们都说一点也不比商场里买来的差。

　　为了赶制"爱心棉衣"，周庆书有时晚上只睡三四个小时。随着年龄的增长，她的视力越来越差，便把家里可以做棉衣的布料和棉花都拿出来，发动邻居们参与"爱心棉衣"的缝制。有不会做的，她就手把手地教。周庆书说："把手艺传给大家，以后自己做不动了，就会有'接班人'接替自己关爱社区有困难的人。"迄今为止，周庆书的爱心义举已坚持超过9年，累计送出棉衣近千件，如果以市场价计算，总价值达8万余元，这些钱全是周庆书和老伴平时省吃俭用节省下来的。

　　周庆书不仅是大家眼中的"棉衣阿姨"，同时也是"爱心厨娘"。她在照顾年事已高的养母的过程中发现，肉丸子比较适合肠胃消化不好的老人，她开始研究各种肉丸子的做法，经常把自己做的肉丸子送给社区的独居、孤寡老人品尝。几年下来，周庆书用"爱心肉丸汤"温暖了老人们的胃和心，老人们越来越信赖这位"爱心厨娘"。

　　每到春节，周庆书还会准备几大锅丸子制成"丸子宴"，与邻居们一起分享。周庆书说，丸子的寓意是团圆，邻里四舍坐在一起，也是一种团团圆圆。

　　"尽管是自掏腰包献爱心，不过看到大家喜悦的样子，自己也感觉很快乐！"看着老人和孩子们的笑脸，周庆书欣慰地说。

（大渡口区文明办供稿）

致敬词

助人为乐

　　一针一线织就邻里情，一锅一碗温暖身边人。你的无私善举化作冬日暖阳，你用点滴爱心汇聚大爱热流！

小传　　程伯成，1943 年生，重庆市长寿区龙河镇中心小学校退休教师。14 年来，赡养无亲无故的孤寡老人袁海舟，在当地传为美谈。

程伯成

　　桃李满天下的龙河镇中心小学校校长程伯成退休后，一直活跃在小学生德育教育的工作中，深受学生和家长的爱戴。2008 年，无儿无女的袁海舟老人的老伴去世了。葬礼上，88 岁的袁海舟痛苦万分。这一幕被时年 65 岁的程伯成看在眼里，他毅然做出"认父"的决定。他告诉袁海舟，今后的晚年生活不必再害怕孤单。

　　为了方便照顾老人，程伯成自掏腰包，在自家附近租了一间房子。为了让袁海舟安心搬过来住，程伯成主动到袁海舟家给他做思想工作，并热情地帮他搬家。从此，洗衣做饭、翻身搽药……程伯成无微不至地照顾着这位与他没有任何血缘关系的父亲，至今已有 14 个年头。

　　程伯成的义举深深感染了他的子女。2009 年，年近 90 岁的袁海舟在龙合十字路口摔倒，命悬一线，当时没有一个人敢上前施救。程伯成的儿子得知后迅速赶来，将老人送往医院。几年后，袁海舟在楼下散步时，又不慎把髋骨摔碎了。程伯成在病床边照顾老人一个多月，儿子、儿媳每个月坚持给他转账 1500 元，用于袁海舟的开销。程伯成的善行在全镇传开后，全镇上下无不佩服这位尊老爱老的"老人家"。

　　"我不需要什么名利，只是想到咱们中华民族'百善孝为先'的传统美德不能丢了，要给自己的学生和子女树立一个好榜样。"对于自己的选择，程伯成坚定不移。2017 年，程伯成加入长寿区关工委宣讲团，将他身体力行尊老爱老的故事和中华传统孝文化向全区中小学生宣讲，助人为乐的美德在长寿区一路开花结果。

（长寿区文明办供稿）

致敬词

　　你在柴米油盐中播撒义与爱，你在身体力行中传承孝与德。你是普通的人民教师，却有不普通的好人力量。你有善心，有善行，让孝道文化代代相传！

助人为乐

朱崇素

2008 年 5 月 12 日，四川发生特大地震牵动了朱崇素的心。她第一时间向灾区捐款 5 万元，组织公司员工去垫江县中医院和垫江县人民医院，慰问灾区转移过来的 60 余名伤员，尽己所能帮助他们，并与他们结下了深厚友谊。来自北川的伤员康某，在治病期间情绪十分不稳定，朱崇素时常去看望他，和他拉家常，还将康某的妻子带到自己的厂里，让她免费学习卤菜技术，让康某一家重拾生活的信心。康某康复后，朱崇素开车将他们一家送回北川老家，还送了近千元的药品和礼包。

向地震灾区伤员献爱心让朱崇素深刻感受到助人为乐的价值，从此，她更加热衷公益事业。朱崇素始终秉承"服务群众、服务社会"的理念，组织志愿者走村入户，开展"送爱心下乡"捐款捐物活动，慰问特殊困难群众，为他们送去关怀和温暖。2014 年 6 月，她为尿毒症患者罗春兰一家送上现金 2000 元；2014 年 7 月，她为石柱县留守儿童捐助价值 1 万余元的学习用具；2015 年 2 月，她为孤儿姐弟送去现金 3000 余元……像这样献爱心、送温暖的事情，朱崇素还做了很多很多。2016 年 8 月，朱崇素牵头成立重庆市汶翰建设志愿服务队，公益活动更加常规化。除了关心帮助弱势群体，朱崇素还组织志愿者走进农村社区，开展以"情满丹乡"为主题的送文化下乡活动，唱响主旋律，引导群众爱国、爱党、爱家乡……

志愿服务队自成立以来，已累计捐款 420 余万元，参与"情满丹乡"送文化下乡活动的志愿者达 320 人次，参与群众达 1600 余人次。朱崇素的公益爱心得到社会的高度认可，她已成为垫江县爱心志愿服务队伍的一面旗帜。

（垫江县文明办供稿）

致敬词

扶贫济困，雪中送炭，你用滚烫的爱心温暖弱势群体；情满丹乡，文化下乡，你用坚定的信念感染普通民众。心中有信仰，眼中有人民，你是牡丹之乡的正能量使者！

助人为乐

刘西军，1971 年生，重庆市忠县人，重庆天瑞医药有限公司董事长。牢记党员初心使命，热心公益，积极回馈社会，累计捐款捐物 200 余万元。

刘西军

2020 年伊始，新冠肺炎疫情突然暴发。市面上口罩、酒精、消毒液等防疫物资几乎全部告罄。1 月 22 日晚上 10 点，重庆天瑞医药有限公司董事长刘西军召集所有管理人员参加紧急会议，商讨库存 20 余万只医用口罩和部分酒精、消毒液的处理方案。

有人提出限量销售观望价格起伏。刘西军眉头紧锁、语重心长地说："当前，我们首先要考虑的是为政府和老百姓分忧解难，而不是考虑企业盈利的问题。我们不能赚这昧心钱，这些物资必须一件不剩地按进价或者免费提供给抗疫一线。"

会后，刘西军带领公司所有管理人员和党员连夜清点打包，在 23 号中午前将物资全部配送到位。事后有人问他，已经唾手可得的近百万元的利润，放弃了后悔吗？他笑了笑说："我刘西军要是赚了这个钱心里堵得慌，估计下半辈子良心都过不去啊。"在 2020 年疫情暴发最严重的时候，即使按采购成本价计算，刘西军的公司累计捐赠抗疫紧缺物资都达到了 40 余万元，事实上这并非刘西军第一次做公益。

2020 年 6 月的一个清晨，刘西军在北滨体育公园散步，发现公园新建，饮水设施尚未完善。如何才能满足群众的饮水需求呢？

7 月 1 日，刘西军策划组织的"喝口水，继续跑"公益活动正式启动。他带领工作人员在北滨体育公园为所有运动者免费发放矿泉水、藿香正气液、能量棒等物资。此外，他还在天芝瑞中医馆设立"三峡马拉松之家"，为运动者免费提供健康咨询、康复器材等服务，"喝口水，继续跑"公益活动获得了广大忠县人民的一致好评，对全民运动健身起到了积极的推进作用。

作为一名共产党员、一名企业家，多年来，刘西军在企业发展壮大的同时一直坚持开展公益活动，用实际行动践行着共产党人"不忘初心、牢记使命"的责任与担当。

（忠县文明办供稿）

致敬词

助人为乐

捐款捐物公益忙，桑梓情深有担当。不忘初心、牢记使命，你以共产党员的信仰，回馈社会、造福家乡！

小传　　廖乔，1989 年生，中国人民财产保险股份有限公司潼南支公司车险部经理。危急关头不顾个人安危，跳进冰冷的河水中勇救落水老人。

廖　乔

　　"救命啊！有人跳河了……" 2020 年 11 月 28 日上午 10 时许，正带着家人在潼南涪江国家湿地公园玩耍的廖乔忽然听到岸边传出一阵阵呼救声。"别跟过来！"觉察到不对劲，廖乔给妻子丢下一句话，立马顺着呼救声往岸边奔去。他跑到岸边，看见水中有位老人正在挣扎，老人渐渐往下沉，水都快没过后脑勺了！情况十分危急，来不及多想，廖乔快速脱下外套，纵身跳入冰冷的河水中，拼命地朝着老人的方向游去。"我游到老人身边后，担心老人溺水过久呼吸困难，于是我用左手托住老人的头，用右手把她的身体翻转过来正面向上，扶着老人的腰背往岸边游。"与此同时，站在岸边的妻子攥紧双手，焦急地看着正在救人的丈夫，一言不发。在周围群众的帮助下，廖乔和老人被成功救上岸。经过医护人员的急救，老人苏醒了。救护车接走老人后，浑身湿透的廖乔才和妻子默默离开了现场。

　　"生命是第一位的，当时觉得这是自己应该做的，也没想太多就下水了。"回忆起当天的救援经过，身为潼南区游泳协会成员的廖乔甚至没有半分后怕，在他看来，一个爱心举动可能改变一个人的命运，甚至一个家庭的命运。而他的妻子李思齐却说："我当时比他还要紧张，我也看到很多因为救人反而把自己的命搭进去的事例。"

　　廖乔英勇救人的事迹在公司传开后，大家在表示钦佩的同时，还纷纷表示这件事情发生在他身上并不惊讶。"廖乔平时就是个非常热心的小伙子，帮助大家解决了很多工作上的问题。不管他再忙，只要我们找他帮忙，他都会义无反顾地帮助我们。"廖乔对生活的热忱，对身边人的关心，大家有目共睹，他的担当和作为渗透在日常的点点滴滴中。"热心"是所有人给廖乔的一致评价。

（潼南区文明办供稿）

致敬词

　　担当从不需要思考，善良从不需要条件。你的一腔热忱温暖了冰冷的江水，你的无私壮举谱写了正气的赞歌！

见义勇为

小传

胡显锋，1980年生，重庆市万盛经开区振汉园林有限公司经理；曾蔚，1989年生，重庆市万盛经开区体育发展中心职工。路遇男孩落水，二人合力挽救男孩生命。

胡显锋　曾　蔚

2020年11月3日晚10点27分，胡显锋正在孝子河边散步，忽然听到河对岸有人呼救：“救人啊！快来救人！有孩子落水了！”他循声望去，借着路灯看见一名男孩正在水中挣扎，已经漂浮到了河中央。胡显锋来不及多想，迅速跑到康羽桥下，“扑通”一声跳入河中，向男孩游去……与此同时，家住河畔盛景小区的曾蔚听到对岸的呼救声后，立即从家里抓了一根晾衣杆前往事发地点，准备去救落水者。

深秋的夜晚，孝子河水冰冷刺骨。曾蔚赶到现场时，先他一步救人的胡显锋已经在水中托举起了落水的孩子。只见胡显锋面色铁青，手臂摇晃，冰冷的河水和孩子的体重使他筋疲力尽。曾蔚赶紧跪在岸边，把随身带来的晾衣杆伸到河中，用力将男孩和胡显锋先后拉上河岸。男孩冷得瑟瑟发抖，曾蔚脱下卫衣和羽绒马甲给男孩换上。看到男孩安然无恙，胡显锋拖着冰冷、颤抖的身躯悄然离开，曾蔚也消失在人群中。

救起男孩的第二天，接受采访的胡显锋不停地咳嗽。“我当时啥也没想，看到有人落水了，就去救了。”胡显锋回忆道，“河水约有两米深，很凉，救人时也顾不得许多，脱掉衣裤就跳下去了。男孩不会游泳，挣扎着就漂到了河中央，离岸边有四五米远。救起男孩后，我回家就冲了个热水澡，没想到还是感冒了，一直咳嗽不停。”说到这儿，胡显锋不好意思地笑了笑。“现在想想还是有点后怕，还好救人的时候大脑比较清醒，因为男孩一直在挣扎，我就使劲抓住他衣服上的帽子把他拖到岸边。”

胡显锋和曾蔚见义勇为的义举不仅挽救了男孩的生命，更是弘扬了社会主义正能量。“必须竖大拇指，万盛就是好人多。”围观群众对他们赞不绝口。

（万盛经开区文明办供稿）

致敬词

河水冰冷，冷不了你们奋不顾身的热血；危机阻挡，挡不了你们见义勇为的决心。你们用纵身一跃的勇气，彰显了平凡人的英雄气概。

见义勇为

小传　　　　邵健，1964 年生，重庆市铱佳物业管理有限公司白鹤梁服务点安保主管。为白鹤梁水下博物馆建立起失物认领台账"诚信花名册"，使诚信服务成为白鹤梁的一道亮丽风景。

邵　健

　　2015 年 1 月，邵健被派驻白鹤梁水下博物馆，担任白鹤梁服务点安保主管一职。从入职起，他每天记录景区游客的失物及其招领情况，建立了失物认领台账"诚信花名册"，至今已经坚持了 6 年多。"诚信花名册"成了他诚信服务游客的最佳见证。

　　在白鹤梁，邵健主要负责景区的安全保卫工作。他每天早上 8 点到岗，随后开始一天的巡查、记录等工作。等到太阳下山游客全部离开后，他还要再进行一次全面巡查。"诚信花名册"上记录的 300 余件失物，有不少是邵健在巡查时发现的。据不完全统计，邵健在白鹤梁拾到并归还给失主的物品，累计金额已达两万余元。翻开这本"诚信花名册"，一把伞、一副眼镜、一部手机、一个包……哪怕只是一张公交卡，它的来龙去脉都写得清清楚楚。每到年末，邵健还会将未领走的物品进行清算，交由白鹤梁水下博物馆存档后长期保存。

　　2019 年 7 月 17 日，一名外国游客在博物馆参观时将自己的手机忘在了拓片制作台上。邵健发现后，立马拿起手机追出博物馆，此时，外国旅游团的游客正在陆续上车，邵健向导游说明情况后，这部价值 9000 余元的手机得以物归原主。"如果游客离开后才发现物品遗失，就又要打电话，又要专程来取，不仅耽误时间，还会产生一些费用。所以如果我发现了失物，就会第一时间确认并归还游客。每次成功将物品归还给失主，听到对方说声谢谢，就是我最开心的时候。"邵健说。有些游客离开后才发现物品遗失，邵健就会在确认身份后，把失物寄给游客。

　　邵健说："作为市级文明单位的一名工作人员，我不仅代表着白鹤梁的形象，也代表着涪陵的形象，所以要做到诚实守信、做文明人、办文明事。"在邵健的影响下，白鹤梁水下博物馆的其他员工也在共同书写"诚信立本"的故事。诚实守信已然成为白鹤梁的一道亮丽风景线。

（涪陵区文明办供稿）

──── 致敬词 ────

　　一部名册，彰显诚实本色；暖心善举，点亮守信之光。你俯身拾起有形的钱物，昂首送还无价的诚信。

诚实守信

小传　　龚佑君，1951年生，重庆市万州区人。在乡村电影放映员的岗位坚守50余年，为农民群众打开了解世界的窗口，满足了他们的精神文化需求。

龚佑君

1972年，万州区长滩镇和太安镇迎来了一位乡村电影放映员，他就是龚佑君。在乡村为群众放映电影可不是一件简单的事儿，得不断地从一个村转场到另一个村。那时乡村的交通极不方便，转场基本靠步行，加上放映机、银幕和发电机等设备，加起来足足重100余斤，电影放映这个工作让龚佑君吃尽了苦头。

1978年冬天，居住在"包子山"的村民怎么也没想到，龚佑君会蹚过冰冷的河水来村里放电影。那天，龚佑君和同事背着设备，赤脚从没过膝盖的冰河蹚过，只为满足小山村村民看一场电影的愿望。放完电影已是深夜，村民们热情地留他们在山里过夜。"村民们自己盖着单薄的被子，却把最暖最软的棉被留给我们，这让我永生难忘。"龚佑君说。也就是那时，他深刻体会到电影放映员这个岗位的意义，也坚定了自己继续干下去的决心。

20世纪70年代到90年代，龚佑君几乎每天都奔走在山乡放映电影。最忙的时候，一年能放映1000余场，龚佑君几乎没有假期。由于工作艰苦，收入不多，许多电影放映员陆续离开，也没有年轻人来接手。有人劝龚佑君放弃电影放映员的岗位，但他却始终没有动摇。进入21世纪后，龚佑君萌生了担任党的"传声筒"的想法。他常常利用电影放映前的时间，把党的政策以"顺口溜"等群众喜闻乐见的形式向前来看电影的村民宣传。

龚佑君与放映机、银幕朝夕相伴50余年，为长滩镇、太安镇的群众放映了两万余场露天电影。从青春年少到古稀之年，龚佑君在一个岗位上坚持干好一件事。"干一行就得爱一行、专一行，平凡的岗位上一样能做出大贡献。"龚佑君说，虽然如今年纪大了，但只要还能动，他就会一直把电影放映下去。

（万州区文明办供稿）

致敬词

一挑担子，一份坚守，一颗红心。你在平凡的岗位上绽放光芒。你是行走的"电影院"，更是乡村群众精神食粮的传递者。

敬业奉献

小传　聂国祥，1982年生，重庆科瑞南海制药有限责任公司生产部部长。从事制药事业10余年，在青蒿素产品的二次开发、中药大品种新产品研发等方面取得了亮眼的成绩。

聂国祥

2006年，走出大学校园的聂国祥来到重庆科瑞南海制药有限公司工作，正式成为一名医药人。短短几年时间，勤学肯干、基础过硬的聂国祥便成为了公司年轻的技术骨干。2011年，为了提高青蒿素的产量，作为生产部技术骨干的聂国祥承担起了改造青蒿素生产线的主要工作。

时间紧、任务重、预算有限，在没有外部团队帮助的情况下，聂国祥从"零"开始学习制图。他自学了工程制图、化工设计、制药工程学等相关专业书籍，并到专业设计院拜师请教。经过两个月的苦学苦干，聂国祥独自完成了面积约3000平方米的厂房设计及设备技改的平面图、流程图、施工图。在项目进入实施阶段后，聂国祥和他的团队坚守安装现场，每天至少待15个小时。"每次创新改建的过程是艰辛的，但我却非常高兴，因为我在为自己热爱的事业而奋斗，并实现了自己的每一个小目标。"

在十余年的工作中，聂国祥不断攻克技术难关，为公司降本增效。他坚持研发药剂、发明专利，带动一方百姓发展特色中药材产业，使一万余户农村家庭通过种植药材，走上了脱贫致富的道路。市总工会为彰显其引领示范作用，指导其所在公司成立了"聂国祥劳模创新工作室"，聂国祥的心中有了新的目标——为医药行业培养一批德才兼备、业务精通、创新能力强的人才。经过5年的培育，已有34名技术骨干从"聂国祥劳模创新工作室"中"诞生"。

近年来，聂国祥带领技术团队为公司取得创新成果10项，成果转化6项，获得实用新型专利6个，发明专利8个，其中有3个高新技术产品获得国家级成果奖。"不满足现状是我一直以来对自己的要求，每次技术改进的成功都给我带来很大的快乐，让我更热爱工作和企业。"带着这份热爱，聂国祥将在医药之路上坚定地走下去。

（黔江区文明办供稿）

致敬词

用奉献成就事业，不计个人得失；用拼搏书写人生，不惧艰难险阻。你是平凡的英雄、行业的标兵。

敬业奉献

小传　　　成秋菊，1979 年生，重庆市渝中区培智学校教师。教导特殊孩子要珍爱生命、融入社会，是特殊孩子心中的"成妈妈"。

成秋菊

　　从 2007 年开始，成秋菊投身特殊教育事业。向残障儿童教授生活学习的本领，为他们照亮前行的道路，是成秋菊心中最大的梦想。接触到特殊孩子后，成秋菊发现对这群别样"小天使"的教育并没有那么简单。每教孩子们发一个音节，成秋菊都常常要捧着他们的脸，和他们一起反复诵读；同一个教学内容，她要握着他们的手重复无数次比划。琐碎的工作、机械的重复，有着常人无法想象的单调与枯燥。但日复一日，年复一年，她从不放弃。成秋菊不仅把自己当成孩子们的老师，更把自己当成孩子们的"妈妈"。越来越多的孩子在她的耐心教导下，学会了洗脸、刷牙、独立上卫生间，更有部分能干的孩子还学会了洗衣做饭。孩子们的惊人变化都被家长看在眼中，家长们也亲切地称呼她为"成妈妈"。

　　在学生中，有一名自闭症患者，7 岁了都不肯说话，也从未喊过一声"妈妈"。成秋菊发现这个孩子对动画角色"海绵宝宝"非常感兴趣，于是她想到以此为切入口，设计一套专门针对这个自闭症孩子的教学方案。成秋菊购买、设计了许多与"海绵宝宝"相关的物件，甚至每天上班穿的衣服上都印着"海绵宝宝"的图案。成秋菊主动与这个孩子聊起动画片里的故事情节，循循善诱。终于，在两年后，她获得了孩子的信任，孩子主动叫了第一声"妈妈"。

　　在成秋菊有针对性的教育模式下，还有好几个特殊孩子喊出了家长们盼望已久的"爸爸、妈妈"，让这些特殊家庭看到了希望的曙光。成秋菊的学生毕业后，有的顺利参加了工作，还有的自己开店创业，大部分学生都能够适应社会生活。事实证明了成秋菊说的话："每个孩子都是一颗闪亮的星星。"

（渝中区文明办供稿）

致敬词

　　因为对孩子爱得纯粹，所以童心永驻；因为对教育懂得透彻，所以坚韧耐心。用坚持为沉寂的心灵开启明窗，用陪伴为特殊的孩子点亮心灯，你是花园里的最美园丁！

敬业奉献

| 小传 | 何巧，1984年生，重庆市公安局沙坪坝区分局磁器口派出所磁建村社区民警。热情为听障群众办实事、解难事，是大家眼中的"贴心巧姐"。 |

何 巧

在重庆市沙坪坝区，有一个"特殊"的社区——磁建村社区，这里集中居住着161名听障群众。何巧是重庆市公安局沙坪坝区分局磁器口派出所的民警，来到社区后，何巧发现许多听障居民因文化水平有限，无法用文字顺畅交流。何巧深知听障群众因身体功能障碍，生活中会遇到许多常人难以想象的困难，如不能有效沟通，就无法为他们提供帮助。经过思考，何巧开始了几年如一日的手语学习，并创建了"巧姐无声警务室"。原来不到10平方米的警务室拓建到近50平方米，紧贴听障群众的需求特点，不断健全完善警务室接待、预约、报警救助等制度，还设置了"谈心角""学习室"等功能区域，精心配备了助听器、手写板、急救药等物品。6年多来，"巧姐无声警务室"共帮助听障居民排忧解难240余件。

2020年8月，社区一位听障老人被醉酒的男子无故打伤，老人顾忌自己特殊的身体情况，不敢讨个说法。何巧了解到这个情况，鼓励老人勇敢维护自己的合法权利，学会拿起法律武器。这件事情也给何巧带来很大的启发——为听障群众普法，让他们学会维护自己的尊严和权利。"巧姐微课堂"应运而生。何巧将普法课堂搬进社区活动室，向听障居民讲授《中华人民共和国民法典》《中华人民共和国残疾人保障法》等法律法规。不仅如此，何巧还牵头组建了"无声义务巡逻队"，一个由社区听障青年组成的巡逻队。如今一走进磁建村社区，就会看到戴着鲜红袖标，巡逻在辖区楼宇、街巷间的听障青年，他们已成为一道别样而美丽的风景线。

何巧说，如今听障群众一看到她就会露出灿烂的笑容，这些笑脸就是她坚持的动力。虽然听障群众的感谢无法言说，但他们会用身体语言来表达，他们常常拉着何巧的手久久地不愿松开，或者直接给她一个拥抱，这些都让何巧备感温暖。

（沙坪坝区文明办供稿）

致敬词

一双巧手，用无声的语言架设沟通的桥梁；一颗真心，用热情的服务温暖孤独的心灵。你用一名社区民警的执着，让我们体会到平静中的力量、平凡中的伟大。

敬业奉献

小传

张毅，1969 年生，国网重庆市电力公司市南供电分公司高级技师。深耕电力战线 33 年，累计获得 15 项国家专利，为我国电力事业做出了贡献。

张 毅

1989 年，张毅成为线路检修班的一名学徒工，跟着师傅边学边干。对于长期与高压线路"打交道"的检修工而言，被电打是家常便饭。为防腐蚀，大型变压器里面的零件都是浸在油里，修理时整个人几乎就在油里"游泳"。从简单的 220 伏到 380 伏，再到 1 万伏高压线，他熟练掌握带电立杆、带电更换柱上配电变压器等 33 项带电作业工法，每年开展带电作业平均减少停电时间 3000 余小时，多供电量 500 余万千瓦时。33 年的时间里，张毅从检修班的学徒工成长为重庆市带电作业领域的领军人物。

张毅在技术领域实现了许多突破。他创立"山地人工带电立杆法"，荣获"重庆市十佳经典操作法"；研制引流线绝缘支架和控制杆、10 千瓦不停电作业引线搭接器和支撑架，大幅提高了带电作业的安全性和工效；攻克了有效降低 35 千瓦线路氧化锌避雷器雷击跳闸率难题，解决了西南地区山地环境带来的作业风险，成为全国首创。张毅累计获得国家专利授权 20 项。同时，他主持和参与多项全国带电作业标准、规程，以及多项企业重大技改、重大检修（施工）方案的编审工作。

2011 年，张毅牵头创办的"张毅劳模工作室"成为重庆市电力系统高技能人才、高技术创新成果的孵化基地。2012 年 6 月，中华人民共和国人力资源和社会保障部批准，"张毅劳模工作室"被授予"张毅国家级技能大师工作室"称号。"建立人才培养机制，传承和创造新技术"是张毅的目标和追求。他通过师带徒、开设培训课程等方式传授技术，直接参与培养重庆公司带电作业高技能人才 200 余人次，多次带队参加各级带电作业技能竞赛并荣获佳绩。

"我生在这个时代，将承担起这个时代赋予我的责任，守护好这万家的灯火。"这是张毅的铮铮誓言。

（南岸区委文明办供稿）

致敬词

三十三年如一日，你坚守"带电作业"一线，传承工匠精神，追求创新卓越，只为守护好万家灯火。

敬业奉献

小传　　邱雪松，1966 年生，生前为重庆市渝北区人民医院病理科主任。与各种病理切片"打交道"数十年，罹患癌症仍执着坚守岗位。

邱雪松

　　有人称他们是医院的最高"审判者"，也有人称他们为临床医生的亲密"军师"，每天面对数十个科室、成百上千患者的病理样本，他们始终秉承严谨认真、一丝不苟的态度，他们就是病理科医生。渝北区人民医院病理科主任邱雪松就是一位这样的"审判者"和"军师"，他用数十年的坚守诠释着医者仁心。

　　2018 年 7 月的一天，邱雪松如往日一样观察显微镜，从一大堆信息中抽丝剥茧，确定患者致病的"真凶"。令他意想不到的是，一个"噩耗"传来，自己竟然患上了十二指肠腺癌！邱雪松平日里酷爱运动，坚持健身长达 6 年之久，这突如其来的病魔让他难以接受，他的体重一下子从 93 公斤下降到 65 公斤。后来，邱雪松一个人坐在华西医院的花园里静静地思考，一辈子都在讲责任、讲医道，这时又怎能轻言放弃？经历五次手术后，他的身体稍有好转，便毅然决然地返回工作岗位，投入繁忙的工作中。

　　2018 年 12 月，返岗后的邱雪松马不停蹄地赶往渝北区人民医院新医院施工现场，为新病理科的建设布局进行专业指导。他不顾自己身患重病，楼上楼下往返奔忙。他办公桌上厚重的《三甲综合医院评审标准实施细则》的每一页都布满他用红笔勾画的笔迹。

　　除此之外，邱雪松还承担着繁忙的日常病理诊断工作。渝北区人民医院病理科是渝北区公立医疗机构中设置的唯一病理专科，年诊断病例达六千余人次，而他本人更是重庆市首批病理科专家之一。手术后还带着伤口的他伛偻着伏案在显微镜旁仔细观察切片，诊断出具数以千计的病理报告。他强忍着疼痛，将希望带给患者。

　　"人总是有迷茫的时候，但是一旦目标确定行动起来，就不要轻言放弃！我觉得能够将有限的生命投入到自己所热爱的事业中，所有的艰辛和付出都是值得的。"

（渝北区文明办供稿）

致敬词

　　傲霜斗雪，青松依旧。没有豪言壮语，不求丰功伟绩。你心怀热爱，用生命诠释"大医精诚"！

敬业奉献

小传

杨俊，1979年生，重庆市开州区雪宝山镇卫生院医生。身患脑瘫，仍坚持拜师学医，他凭着毅力成为一名医生，守护一方人民健康。

杨 俊

白衣天使与脑瘫患者，这两个身份似乎相隔甚远，但杨俊却将它们融为一体，以身残志坚的信念践行白衣天使的大爱。

杨俊生来便患有脑瘫。长大后，他萌生了成为一名医生的梦想。他希望自己有一天能够帮助他人治愈有缺陷的身体。1999年，一位老中医同意收他为徒。三年来风雨无阻，诚心求学，师父也倾囊相授。出师后的杨俊仍一门心思扑在学习上，自费去外地进修，相继考取了执业助理医师、执业医师、主治医师资格证。

2008年，他只身远赴西藏江孜县人民医院工作学习。他的行医所得大都贴补给了生活困难的患者。从藏区归来，杨俊在重庆石柱县的一个贫困乡镇的卫生院工作了5年。凭着饱满的工作热情和扎实的医术，他获得了2012年石柱县"优秀医务工作者"称号。

2014年，杨俊的父亲被查出患有脑萎缩。为了照顾父母，杨俊毅然辞职，考回开州，成了开州最偏远乡镇白泉乡（现雪宝山镇）卫生院的一名医生。2017年，开州开展健康扶贫工作，院领导出于安全考虑，并没有让他参与家庭医生入户工作，杨俊却坚持要去第一线："我见过那些条件艰苦的地方，那些病人们期待的眼神，我不去心里会内疚，去了才能坦然！"杨俊如愿加入健康扶贫工作队，每次入户从未缺席。

雪宝山镇位于雪宝山腹地，以山高路陡闻名。有一户人家生活在陡峭的山岩上，去该户的途中有一段由木头、钢管搭成的"木梯路"，长达一公里。杨俊听闻了"木梯路"之险，但他没有退缩。出发前夜，他辗转难眠，想起了自己的父母，默默写下一封遗书。第二天，踏上"木梯路"，杨俊才知道这一路到底有多惊险，脚下是万丈悬崖，只有简陋的木梯钢管可供攀爬。中途最惊险的一段，他甚至不敢动弹；还是带路的村民冒险把他背了过去。历经了这次难关，他却更坚定了一生为老百姓治病行医的信念。

（开州区文明办供稿）

致敬词

以医者仁心悬壶济世，以善良之本救死扶伤。你在平凡的岗位上坚守初心使命，以超乎常人的坚韧谱写了一曲可歌可泣的英雄赞歌！

敬业奉献

小传

黄朝林，1980 年生，中共重庆市武隆区赵家乡香房村党支部书记。辞去国企工作回村任职，改变家乡落后面貌，建设美丽乡村。

黄朝林

1997 年，黄朝林参军入伍，退伍后进入一家国企工作。但是让贫穷落后的家乡摆脱贫困，是他一直放不下的执念。2016 年，黄朝林毅然辞去国企工作，决定回村发展。

2016 年 8 月，黄朝林接过村党支部书记的接力棒，他积极物色合适的村干部人选，又协调 30 万元资金，硬化了 4 个农业社 10 余公里的内部道路，让老百姓得到了实惠。村民们议论开了："香房要'香'了，村里的发展看来有希望了！"在黄朝林的带领下，香房村迎来了一个又一个新发展。

2013 年，村里曾计划实施一项改土惠民工程，但是老百姓因为怕被占地而抵制，造成项目搁置。黄朝林上任后立即动员群众支持开展工程。2017 年 3 月，项目终于动工。但村里 7 户人家的房屋受山体滑坡影响，安全受到威胁。为了救人于危难，黄朝林卖掉自己在重庆市区的房子，筹得 100 余万元借钱给村民们建新房。他向大家承诺："借钱不打借条，不付利息，无还款期限。"2018 年，新房建设完成，7 户人家顺利搬离危房。

为了发展香房村的经济，黄朝林带头发展中蜂产业。不到一年，他的蜜蜂就从最初的十几桶发展到 90 余桶，并成立了专业合作社，带动 20 余户农户发展"甜蜜事业"。小坪的花椒、放牛坪的板栗、灯盏的黄连……一个个产业如雨后春笋般"生长"。

光有产业，不能变现也等于零。在黄朝林的主导下，"赵佳人"农村电商服务点上线。高山腊味、核桃、赵家洞藏酒等农副产品销售火爆。截至 2021 年 12 月，利用"赵佳人"农村电商服务点，香房村已累计销售农副产品总额超过 1800 万元。

要致富，必修路。黄朝林还带领乡亲们打通了连接大洞河乡的旅游路，从此，人们可以直接从赵家乡到赵云山赏杜鹃看风车；轿子山乡村旅游路全线贯通，游客可以走进马心，去聆听白马明月的爱情故事……

（武隆区文明办供稿）

致敬词

"傻宝"不傻，放弃国企工作只为建设美丽乡村；"老兵"不老，挥洒青春汗水全力改变家乡面貌。你是乡亲们身边的贴心人、群众们心目中的"好官"，你的人生价值浸润在乡村振兴的点点滴滴中。

敬业奉献

小传

宋康，1988 年生，重庆市城口县坪坝镇前进村第一书记、驻村工作队队长。担任前进村第一书记以来，把全部精力投入全村经济发展中，带领群众脱贫致富。

宋 康

2018 年 9 月，宋康放弃了北京优越的工作条件，主动请缨投身艰苦的扶贫一线，来到城口县坪坝镇前进村，担任党支部第一书记兼驻村工作队队长。

前进村距离城口县城 40 余里，面积 15 平方公里，人口 1000 余人，是坪坝镇产业发展最薄弱的村，几乎年年都是全镇年度综合考核倒数第一。刚到前进村时，有人开玩笑说："北京来的官可不能只来镀金哦！"这话让宋康觉得很不是滋味。宋康进村入户，多方奔走，推动农村饮水工程实施，改善人居环境，新建村道，维修房屋，安装路灯，发展产业。在他的带领下，前进村顺利通过了脱贫攻坚验收。

2019 年 8 月，连续暴雨导致山体滑坡，堵塞了 4 社的蓄水池。宋康和其他村干部冒雨去修蓄水池，山高路陡，雨滑风寒，大家手脚并用，摸索着往上爬。宋康一脚踩空，差点滑下山坡。为推进前进村的基础设施建设，宋康积极协调上级部门，争取各类基础设施建设项目，为旧房提升、"户貌六改"、农户环境村庄综合整治申请到了充足的资金。为解决全村饮水安全问题，宋康积极协调修建取水池、蓄水池，更新铺设管道。为带动贫困户脱贫，宋康协调村里和城口县实验小学签署年均 100 万元的农副产品销售协议，将村民的农产品销售到学校食堂及县区农贸市场，降低了运输和销售成本，仅用三年时间便使前进村集体经济销售收入翻了 10 倍，贫困户人均年收入增加近 4000 元。2020 年 6 月，前进村作为全市 2019 年贫困县退出的唯一抽查县的代表，以零漏评、零错退，群众满意度 99% 以上的优异成绩，通过了国家贫困县退出抽查第三方评估。

脚下沾有多少泥土，心中就有多少真情。宋康用三年时间，谱写了一曲脱贫攻坚的奋斗之歌，让前进村发生了翻天覆地的变化。

（城口县文明办供稿）

致敬词

扎根基层、服务群众，恪尽职守、攻坚克难，你将使命和情怀化作前行的动力，用日复一日的付出，诠释人生价值，演绎绚丽华章。

敬业奉献

杨大可，1974年生，重庆市云阳县人。创建云阳县大果水晶梨专业合作社并任理事长，带领群众将绿水青山变成了真正的"金山银山"。

杨大可

在重庆市云阳县东北部，有座常年云雾缭绕的大山叫无量山。这片海拔1400余米的山峦，曾是远近闻名的贫瘠地之一。但如今毕业于四川大学的杨大可用18年青春在这里开荒种树，他创建的水晶梨专业合作社汇聚了476户农民，年销售额达2000余万元，使绿水青山变成了真正的"金山银山"。

杨大可祖上在湖广填四川时搬到无量山一带，在一棵巨大的野梨树旁安家。在杨大可小时候，爷爷就常常对他说，"对一棵树好，它一定会给你回报"，使得杨大可从小就对水果种植业充满了向往。在四川求学期间，杨大可到成都龙泉驿实地考察，发现那里不仅水果品种丰富、质量好，还发展了适合城里人休闲度假的生态观光农业。那时他就立志把家里的70亩梨园做到龙泉驿的水准和规模。

1999年，杨大可大学毕业，开始创业之旅。回到无量山后，杨大可另外承包了一片288亩的荒地，种下3万余棵优质水晶梨。2002年，他的水晶梨丰收了。爷爷的黄花梨每斤五六毛钱，而他的水晶梨价格是其10倍。此后，他承包了无量山上更多的荒地，果树种植规模不断扩大。2006年，杨大可创建了专业合作社，逐步吸纳476户农民入社。专业合作社的年销售额达2000余万元。杨大可带领乡亲们走上了致富之路。

为提高抗风险能力，他放弃单一种植水晶梨的思路，建设了6个基地，种植了46种水果。从4月到10月，无量山的各色水果源源不断地通过物流发往全国。

"18年前我到农村创业，别人都说大学生迟早会走，但我不但没走，还可以骄傲地说，今后当农民，才是金饭碗。"这名年轻的党的十九大代表告诉青年们，"如今，当农民也是'金饭碗'，因为开启绿色银行的钥匙就掌握在有知识、有本领、有担当的年轻人手里，只要你愿意，希望的田野一定会点燃你灿烂的未来！"

（云阳县文明办供稿）

致敬词

无量山高，水晶梨甜。你以创业者的双手变绿水青山为金山银山，你以青年人的红心变大山清苦为百姓小康。敢为先，不怕苦，你绘就了美丽乡村的新气象！

敬业奉献

小传

　　阮仕合，1965 年生，重庆市彭水县人。悉心照料植物人妻子 13 年，不离不弃，用爱创造了生命的奇迹。

阮仕合

　　1988 年，21 岁的张家术嫁给了情投意合的同班同学阮仕合。婚后，夫妻俩靠勤劳的双手经营着自己的小家庭，日子过得甜蜜而温馨。2007 年 3 月 8 日，是让阮仕合痛彻心扉的日子。当天，阮仕合下班后照例去接张家术，可左等右等都没有等到，最终等来的却是医院的电话："快到人民医院来，你老婆被车撞了，快不行了。"

　　医生告诉阮仕合，病人伤势实在太重，全身多处粉碎性骨折、脑外伤严重，只能靠呼吸机维持生命，即便坚持治疗，最好的结果也是植物人。悲痛之余，阮仕合每天都待在医院，精心照顾着妻子。他坚信，只要人活着就还有希望。他时常坐在病床前，给妻子讲讲以前的事，唱唱她喜欢的歌。10 个月后的一天，阮仕合正拉着妻子的手唱着歌，突然发现妻子的眼睛和嘴巴微微动了。"医生说这是奇迹，她能睁眼、能自己呼吸了，只是全身依旧不能动弹，没有意识。"阮仕合说。妻子的情况让他看到了希望。

　　2010 年，在医院住院治疗三年后，阮仕合已无力负担医疗费用，只能选择带妻子回老家疗养。妻子生活不能自理，稍不留意，床单、被褥就被妻子的排泄物弄脏。但他总是不厌其烦地换洗。日复一日，年复一年，阮仕合从未放弃。每到夜深人静，阮仕合便拉着妻子的手，低声唱着她以前爱听的歌，讲起两人从前的经历和儿女们的成长……

　　功夫不负有心人，2016 年末的一天，阮仕合在给妻子洗澡时，妻子竟伸手来抓他了。阮仕合又惊又喜，妻子看着他笑出了声。瘫痪 9 年的妻子终于有了好转，阮仕合赶紧告诉儿女，一家人喜极而泣。"她嫁给我了，我要对她终身负责。"阮仕合说。如今，妻子高兴了会笑，难过了会哭，上半身能动弹，已经不再是"植物人"了。如今女儿已经成家，儿子也参加工作，阮仕合也在村里的公益性岗位上班，一家人的生活不愁，他唯一的愿望是妻子能越来越好。

（彭水县文明办供稿）

致敬词

　　甜蜜，并不是婚姻唯一的标尺；陪伴，才是世间最长情的告白。你用爱和歌声唤醒了生命的奇迹，也为世人诠释了相濡以沫这四个字的美丽含义。

孝老爱亲

小传　　付体碧，1978年生，重庆市丰都县十直镇秦榜沟村3组村民。自强不息开办肉牛养殖场，在实现自身脱贫的同时鼓励带动村民靠自己的双手脱贫致富。

付体碧

付体碧与蒋仕文结婚时，只有一间破破烂烂的土墙房。经过夫妇俩多年的辛苦操劳，才修建起了砖房，一家人才有了一个遮风避雨的地方。尽管夫妇起早摸黑地劳动，养家还账，但沉重的债务还是压得他们喘不过气来。2004年，蒋仕文到成都的一家鞋厂打工。不料，丈夫上班的第一个月就发生了事故，导致右手手掌被机器轧伤而截除。这使原本困难的家庭雪上加霜。

2014年，经过多方考察，付体碧夫妇发现养殖肉牛是一条脱贫致富的好门路。于是，在村组干部的帮助下，他们开始发展肉牛养殖。当年，他们就花了3万多元在自家房屋旁修建了200余平方米的养牛场，取名"丰都县蒋家湾肉牛养殖场"，同时，花了3万余元购买了6头小牛进行试养。2015年，付体碧家出栏了5头肉牛，净赚了6000余元。她说，他们发现养肉牛的收益不错后，又购买了几头母牛进行自繁自养，降低买小牛的成本。经过不懈努力，付体碧家的养牛规模不断扩大。2017—2018年，她家存栏肉牛有30余头，每年净赚五六万元。2019年，她家肉牛的纯利润就超过了10万元。如今，付体碧也成了该镇远近闻名的致富能手。

付体碧说，她家能够实现脱贫致富，离不开镇村干部的帮助，他们不仅帮她家申请了2万余元的补助资金，还让她家享受到了5万元的无息贷款。她还参加了镇上组织的肉牛养殖大户外出学习，学到了不少养殖技术。对此，他们全家都很感激。"在自己致富的同时，我还得带动和帮助其他人一起致富！"付体碧说。吃水不忘挖井人，她是在大家的帮助下实现脱贫致富的，因此，她将学到的养殖技术无偿传授给其他村民，帮助他们发展养殖业，共同致富。2020年10月，付体碧参加重庆市脱贫攻坚先进事迹巡回报告会时说，她现在还有一个更大的梦想，就是带领乡亲们把好日子干出来。

（丰都县文明办供稿）

── 致敬词 ──

心里甜命就不苦，肯奋斗就有幸福。一位平凡而伟大的妇女，一颗温暖而美好的真心。不认命，使劲干，拼命干，你用双手谱写勤劳致富的动人故事。

自强不息

重庆时代广场

金鹰

WFC

解放碑／佚名

三月·四月

小传　柴海燕，1977 年生，重庆市万州区薄荷社会工作服务中心主任。23 年来，带领 2000 余名志愿者开展扶贫助困、敬老助残、捐资助学等志愿服务，服务群众 3 万余人次。

柴海燕

熟知柴海燕的人都知道，她有一个外号叫"薄荷"，而这个称呼，也承载着她公益路上的付出和收获。二十余年来，柴海燕一直坚持致力于志愿服务，就像一棵薄荷草，在公益路上展现自己生生不息顽强的生命力。

2001 年，柴海燕以志愿者的身份到农村学校支教，一去就是四年。在那期间，她还自掏腰包资助了两个学生，帮助他们顺利完成了小学学业。支教的艰苦环境非但没有吓退年轻的柴海燕，反而让她坚定了开展公益服务帮助他人的决心。不久后，她号召更多志愿者组成薄荷志愿服务团队，对农村留守儿童开展学业、生活及心理健康方面的帮扶。

2013 年，柴海燕毅然辞掉了医院的稳定工作，在万州区注册成立万州区薄荷社会工作服务中心，开始专职从事公益服务。多年来，她带领薄荷志愿服务团队几乎跑遍了万州所有乡镇街道，开展了垃圾分类、居家整理、家居清洁、收纳技巧、院坝景观设计等公益活动及培训 1265 场，直接受益人数达 9.5 万人次。2018 年，她带领薄荷志愿服务团队进驻市级深度贫困镇万州区龙驹镇，对辖区内的留守人员和贫困群体开展扶贫、助学、扶智等针对性的公益服务，1600 余人从她的团队获得了帮助。

面对突如其来的新冠肺炎疫情，柴海燕第一时间来到万州区钟鼓楼街道的八角井社区和一品江南小区参加抗疫志愿服务，与其他志愿者一起入户排查、喷雾消杀、为居民代购生活物资。她自筹资金为贫困弱势群体采购口罩、洗手液、纸巾、牛奶等物资。同时，她还带领薄荷志愿服务团队开展线上防疫宣传服务，协助社区入户排查，协助农户购买农资，宣传就业岗位，到隔离点开展志愿服务。

"我做的事情很小，但每当看到我的帮助换来他人的笑脸，我就觉得浑身都是力量，更加坚定了在公益服务上奉献一生的决心。"柴海燕如此说道。

（万州区文明办供稿）

致敬词

初心，是一种责任；投入，是一种态度。你将公益事业当作毕生追求，甘做一棵散发馨香的薄荷草，沁人心脾，暖人心扉。

助人为乐

小传

　　么周力，1974年生，重庆市大渡口区希望心理社会工作服务中心主任。退伍军人初心不改，多年来带头为群众提供心理疏导服务，疫情期间用爱心守护群众心理健康。

么周力

　　1997年，走出大学校园的么周力参军入伍，穿上了梦寐以求的军装。2014年，已经是副团职的她响应号召，选择了自主择业。么周力决定从自己最感兴趣的事情做起——学习心理学。她考取了国家二级心理咨询师证，一年后，她成为"希望热线"的一名接线员。3年来，她和"希望热线"的心理志愿者们24小时轮流值班，全年无休。渐渐地，她成为一名经验丰富的心理疏导志愿者，当上了"希望热线"重庆区域的负责人。由于长期值夜班，用眼过度，么周力的眼睛先后两次严重出血，其中一只眼睛曾一度接近失明。在医生强烈建议手术治疗的情况下，仅卧床休息半月后，么周力就继续奋斗在了心理咨询服务的一线岗位上。

　　2020年初，新冠肺炎疫情暴发。么周力第一时间招募130余名心理咨询师等专业人士，组建疫情防控心理疏导志愿服务队，为武汉、重庆、吉林等地的群众和医务工作者解开疫情下的"心结"。么周力和志愿者们每天都会接到上百个求助电话，每晚11点到次日凌晨5点是热线接听高峰期，熬夜也就成了家常便饭。他们轮流值班，通过语音、视频与求助者交流谈心，帮求助者走出阴霾，重拾信心。

　　么周力还冒着被感染的风险走街串户，对被极端情绪影响的患者进行入户救助。春节期间，大渡口区一位七旬老人因隔离在家，情绪极度低落。么周力第一时间赶到他家，帮助他走出情绪低谷。她指导大渡口区各村（社区）打造"阳光心语室"20余个，常态化开展"益心移疫"等志愿服务活动。她还牵头开设了趣味心理疏导课堂，开展公共安全、亲子关系、生命教育等公益讲座，与多所中小学校、社区建立心理联合辅导机制。

　　"虽然道阻且长，但我们一直在路上。"被问及为什么坚持做心理疏导工作时，么周力声音温柔而坚定，如漫长冬日后即将破土的嫩芽，饱含蓄势待发的坚定力量。

（大渡口区文明办供稿）

致敬词

　　保家卫国，你赤胆忠心；疫情当前，你迎难而上。一阵阵电话铃声背后，是一名退役"老兵"的坚定守候；一声声抽泣倾诉面前，是一名心理咨询师的细致担当！

助人为乐

小传

蔡家泽，1966 年生，重庆市麦腾农业开发有限公司董事长。致富不忘桑梓情，返乡报民恩，带头将石笋山打造成为 4A 级旅游景点，解决 200 余户农户就业。

蔡家泽

1966 年，蔡家泽出生在江津区朱杨镇板桥社区，家里兄妹三人，他是老大。14 岁那年，父亲病重丧失劳动力，母亲又得了胆结石，照顾一家人的重担都落在瘦小病弱的母亲肩上。作为家中老大，为替母亲分担家庭重任，蔡家泽开始了打工生涯。1985 年，他来到广西防城港市，从砌砖做起，逐渐开始做劳务承包。2012 年，他办起了柳州市汇森建筑劳务有限公司，公司实行股份制，蔡家泽让大家都来当老板。公司取名"汇森"，寓意"汇聚人才，森林可成"。当时，有的员工缺钱入股，乐善好施的蔡家泽就帮他们出资垫付。他的理由很朴实：有苦大家担，有福大家享，留住老员工和人才，一起闯未来！

2012 年 7 月，他回到石笋山，发现家乡还是落后封闭的老样子，不禁鼻子一酸，当即下定决心为家乡做贡献。要致富，先修路。他投资数千万元，硬化、拓宽了 40 公里的出山公路，既方便了乡亲们的出行，又打开了山里农副产品的销路。他以农业开发旅游，以旅游带动农业。扩园、整治山坪塘，修缮古寨墙，建酒店，发展茶叶、猕猴桃等特色产业，形成了集种植、养殖、旅游观光于一体的现代化生态观光园，并成功将石笋山打造成重庆著名 4A 级旅游景点。脱贫攻坚期间，他结合精准扶贫，与农户结成利益共同体，解决了流转土地农户 200 余人的就业问题，每年给农户发放流转土地费及工资 400 余万元。同时，他带动两个村约 300 户农户及石笋山周边地区的父老乡亲共同致富奔小康，为当地一万余人提供了就业岗位。

他坚持开展关心关爱贫困学生、慰问孤寡老人等公益活动，并向家乡捐款、捐物达 300 余万元。蔡家泽说："当年若没有父老乡亲的帮助，我不会有今天的成就。吃水不忘挖井人，只要是力所能及之事，我决不推辞。"

（江津区文明办供稿）

致敬词

从泥砖学徒到事业有成，从漂泊打拼到反哺家乡。你用热肠扮靓家乡山与水，你用实干带领乡亲奔富路！

助人为乐

小传

　　江平万，1951 年生，重庆市公安局万盛经开区分局万盛街道派出所退休民警。退休后一直致力于帮扶困难群众，调解邻里纠纷，是社区群众眼中的"热心肠"。

江平万

　　江平万是社区群众眼中的"热心肠"。社区群众们都亲切地称他为"名人江平万"。为了进一步帮助居民办实事、解难题，搭建党群沟通桥梁，通过多方协调和帮助，2013 年 9 月，"江平万谈心室"成立。工作室成立后，江平万定期组织"五老"志愿者开展交流、辅导、谈心活动，为辖区居民答疑解惑、排忧解难。

　　在一次谈心中，居民小邓反映学习用品购买困难的问题。原来，小邓父亲因病去世后，母亲也患严重眼疾，家里靠低保维持基本生活，十分拮据。江平万了解情况后，每月自掏腰包 200 元作为学杂费补贴小邓，并鼓励他好好学习，将来成为对社会有用的人。自"江平万谈心室"成立以来，江平万累计接待居民 2600 余人（次），开展咨询、关爱帮扶 350 余次，组织各类宣讲近 230 场次，化解矛盾纠纷近 240 件，满意率达 98% 以上。

　　2016 年 4 月 11 日凌晨 5 点半，江平万正在爱情桥锻炼，突然发现一位女子在桥上徘徊，江平万立即警觉起来，判断女子可能想要轻生。他放慢脚步，走到女子旁边，亲切地和她聊天。原来女子因生活压力大产生了轻生的念头。江平万一步步开导，女子的情绪慢慢平复，最终放弃了轻生的念头。热心的江平万还亲自护送轻生女子到家后才放心离开。

　　2020 年初新冠肺炎疫情暴发，江平万主动请缨，与社区工作人员一起奋战在抗击防疫战斗第一线，严防疫情输入，筑牢一道道"防护墙"。戴上口罩，拿上小喇叭，摸排登记表、宣传册，沿着街道门店宣传疫情防控政策，是他的日常工作。天气冷，他自己掏钱买了冰糖、红糖和姜，动员家人早上 6 点多钟起床熬制姜茶，他走遍社区各防疫劝导点，将热气腾腾的姜茶亲自送到工作人员手中。不仅如此，他还带头向武汉捐款 1000 元，并为街道捐赠了 300 个口罩，用实际行动为抗疫贡献力量。

（万盛经开区文明办供稿）

三月·四月

27

―――― 致敬词 ――――

　　老有所为，热心调解邻里纠纷；担当不减，助力抗疫发光发热。退而不休的你，以排民之忧为己责，以解民之难为己任，把温暖和文明新风送到千家万户。

助人为乐

霍建明，1964 年生，重庆市綦江区石角镇新民村 1 组村民；代启坪，1962 年生，重庆市綦江区藻渡煤矿有限公司退休人员。二人在乘车时见义勇为，智斗凶徒，救下司机的性命。

小传

霍建明　代启坪

2020 年 10 月 16 日 13 点 30 分，一辆由石角镇新民村前往綦江的中巴车在途经庙山岗时被罗某拦停，他谎称自己要坐车前往綦江。上车后，罗某坐在离司机位置极为靠近的引擎盖上。就在司机启动汽车行驶约 20 米时，罗某突然抽出藏在怀中的杀猪刀，狠狠地向着司机的胸口捅去。在这危急时刻，司机快速抬起了自己的右臂，挡住这刺向自己胸口的一刀，同时用左手护住方向盘，保持汽车的行驶方向。坐在前排的霍建明赶紧上前抓住了罗某握刀的右手，不让他继续挥刀。后面第一排的乘客代启坪见状，也一个箭步冲上前，一手按住罗某的脖子，一手抓住罗某的右臂。两人合力将罗某压倒在中巴车的引擎盖上，将刀夺了过来。车上的其他乘客赶紧拨打 110 报警电话，司机忍着疼痛将车停在了路边。代启坪立即叫人开车，将司机送往三江街道医院进行治疗。派出所民警也及时赶到现场，将犯罪嫌疑人罗某逮捕。

车上乘客心有余悸，车辆正行驶在悬崖边的陡坡处，要不是霍建明、代启坪两人见义勇为，乘客的生命安全岌岌可危。原来，罗某上午乘车时要求司机停车等待，司机拒绝了他的无理要求，罗某便心生怨恨，伺机报复。代启坪、霍建明说，危难时刻，救人肯定是第一位的。遇到困难，大家互相帮把手，再遇到类似情况，他们依然会义无反顾地挺身而出。

"路见不平一声吼，关键时刻显身手。"霍建明、代启坪两人不顾个人安危，力擒凶徒的行为，弘扬了社会正气，体现了匡扶正义、勇斗邪恶、见义勇为的中华传统美德，受到了广大群众的称赞。

（綦江区文明办供稿）

致敬词

直面危险无所畏惧，用瞬间的选择挽救生的希望；用生命捍卫生命，用行动护佑正义。"平民英雄"的称号，你们当之无愧！

见义勇为

小传　　　蒋勋，1986 年生，重庆市大足区人，龙石镇渝源红酒厂工作人员。危急关头挺身而出，勇救落水小女孩。

蒋　勋

2020 年 3 月 8 日这天，蒋勋和往常一样，一早就到龙石镇龙岗桥边的河道上遛狗。他漫无目的地环顾四周，看见一个小女孩和一个小男孩在河对岸的水泥管道上玩耍，并无大人看护。正在担心之际，突然，小女孩不慎掉入河水之中，河岸上的小男孩吓得手足无措……

当时，蒋勋离小女孩落水的位置近 20 米远。小女孩在水中不停地挣扎，逐渐靠近足有 4 米深的河中央，情况十分危急。此时此刻，此情此景，蒋勋毫不犹豫迅速脱下衣服跳进冰冷的河水中，以最快的速度向小女孩游去。抓住已经呛水的小女孩后，蒋勋一边调整呼吸，一边带着小女孩奋力游向岸边，几经挣扎，终于将小女孩救上了岸。因救助及时，小女孩意识还比较清醒，蒋勋这才松了一口气，将她和同行的小男孩安全送回家后就悄然离去。

原来，小女孩的父亲当时在整理秧田，她便带着 2 岁的侄儿在一旁玩耍。随后，父亲回家拿东西，没有留意两个孩子的动向。由于小男孩在田坎上踩了一脚的稀泥，小女孩便带着他来到河边，站在堡坎排水管上给他洗鞋，不料自己却不小心踩滑掉进了河里。初春的清晨，天气还很寒冷，路上也没有其他行人。如果不是蒋勋及时救起她，后果将不堪设想。

小女孩的父亲返回后吓出一身冷汗。他急忙想找好心人致谢，可蒋勋早已离开。由于好心人并未留下姓名，小女孩的父亲连续三天上街向熟人打听，找寻女儿的救命恩人，最终才找到蒋勋。面对小女孩家人送上的感谢红包，蒋勋当面拒绝。他说："孩子是一个家庭的希望，刚好遇到孩子落水，我肯定会毫不犹豫下水救人，这都是我应该做的。"

（大足区文明办供稿）

致敬词

伸援手拯救落水女孩，留住一个家庭的希望；拒谢礼言辞十分恳切，彰显一名勇者的大爱。冰冷河水随波去，人间自有真情在。

见义勇为

小传　李兴波，1980年生，中国联通公司铜梁分公司维修人员；杨孝刚，1981年生，重庆市铜梁区旧县街道永兴村村民。二人奋不顾身跳入寒冬冰冷的河水中，勇救落水女孩。

李兴波　杨孝刚

2020年12月1日下午3点左右，在铜梁区东城街道成田科技高速路桥旁，一名女孩不慎落水。落水女孩剧烈挣扎，离岸边越来越远。正巧路过的李兴波发现河中女孩挣扎的身影，这时她已被冲到河的中央，眼看着就要沉入水中，情况十分危急。

没有任何犹豫，李兴波立马招呼同在岸边的杨孝刚赶紧拨打110和120，然后一个猛子扎入河中，想先把人拉上来再说。时值寒冬，河水冰冷刺骨，刚沾到河水的李兴波忍不住打了个哆嗦。眼见女孩身子已经沉下水，仅剩头部还在水面上，李兴波忍住寒意，拼命向落水女孩游去。冰冷的河水使每一次划臂动作都变得异常艰难，李兴波硬是咬牙坚持，快速游到落水女孩的身旁。他一手抓住女孩的后衣领，一手划着水带她向岸边游去。快靠近岸边时，李兴波已经累得筋疲力尽，行动变得迟缓起来。河岸上的杨孝刚见状赶紧跳入河中，与李兴波合力将女孩抬到岸上。紧接着，当地政府相关负责人、辖区公安派出所、安监工作人员、120急救人员也赶到了现场。确认女孩经抢救无生命危险后，浑身湿透的李兴波和杨孝刚才悄然离去。

后来，有人问起现场的情景，李兴波说："当时情况紧急，看到有个女孩在水里挣扎，我什么都没有想，就直接跳下去。那是一条人命啊，我想遇到这种情况，每个人都会伸出救援的手，这是一种本能。"当时他并不知道河水有多深，一心只想快点将女孩救起来。杨孝刚说："看到别人有了生命危险，当然要伸出援手，这是应该做的，救人最重要，只要人没事就行。"

（铜梁区文明办供稿）

致敬词

河水冰冷，人间有情。你们争分夺秒地营救，挽救了落水女孩的生命。这是平凡里的质朴力量，也是真情义举的无私担当。

见义勇为

小传

　　刘伟，1999 年生，重庆市云阳县人民医院见习生。奋不顾身救回欲跳崖轻生的癌症患者，避免一场悲剧的发生。

刘　伟

　　2020 年 12 月 23 日，云阳县城民德二支路 20 余米高的悬崖边发生了惊心动魄的一幕。一名中年男子在该处欲跳崖轻生。在他纵身起跳的生死关头，闻讯赶来的刘伟抱住了他，避免了一场悲剧的发生。

　　该男子系云阳县人民医院胸心外科一名癌症患者，因病情而情绪低落，产生了轻生的念头，他也因此成为科室的重点关注对象。那天，护士在巡视病房时发现该患者去向不明，随即报告安保科，第一时间调取院内监控。医院立即组织 10 余名安保人员对院内及周边地区进行周密搜索、排查。

　　当时，刘伟刚刚参加完医院组织的见习生考试。得知情况后，他主动参加排查工作，与医院工作人员一起，在民德二支路 20 余米高的悬崖边上找到了该名患者。趁着医院工作人员安抚患者、争取救援时间的机会，刘伟顺着陡坡摸索到了患者身后。就在患者纵身起跳的生死关头，刘伟不顾个人安危，勇敢地冲上前去，一把将患者拦腰抱住，按倒在地。那时，患者情绪已濒临崩溃，用力把刘伟往悬崖边上拽，刘伟拼命将其抱住，两人在悬崖边上扭成一团，现场民众都吓出一身冷汗，生怕一个不留神，两个人一起掉下悬崖。所幸，工作人员及时赶到，几人一起将患者从悬崖边拉了回来，避免了一场悲剧的发生。

　　刘伟在紧要关头不顾个人安危挺身而出，体现了一名青年医生生命至上的坚守，体现了当代青年见义勇为的大无畏精神。

（云阳县文明办供稿）

致敬词

　　病魔无情，医者有爱。生命至上是坚守，生死关头彰显责任担当。你的大爱精神在悬崖上闪耀光芒，照亮患者生的希望！

见义勇为

小传

张文喜，1949 年生，生前系原重庆市涪陵区新妙镇关工委常务副主任。退休后的 13 年里，把全部心血献给了关心下一代工作，身患癌症却依然用爱为留守儿童撑起一片天。

张文喜

2009 年，在新妙镇政府工作几十年的张文喜退休了。退休后的张文喜并没有安享天伦之乐，而是把家安在了留守儿童居多的新妙镇十字村，撸起袖子干起了新妙镇关心下一代工作。

新妙镇外出务工人员多，留守儿童多，这给关心下一代工作增加了难度。张文喜为自己立下目标："我的目标就是把关心下一代工作做到涪陵争第一，重庆有特色，全国有影响。"他一边通过典型示范作用在全镇各村（社区）、学校建立各具特色的留守儿童活动阵地，一边以诚心打动更多"五老"，让他们一同加入到关心下一代工作中。在他的牵头努力下，涪陵区逐渐形成了关爱农村留守儿童的"3+1"工作模式，即以"五老"为主体、以党政领导为主导、以大学生村官和其他社会志愿者为辅助、以留守儿童为活动阵地的工作模式。这个工作模式在全国范围内也产生了一定影响，新妙镇关工委成为全国、全市先进典型。2020 年，张文喜荣获全国关心下一代工作"先进工作者"荣誉称号。他积极组织党的十九大精神进村社、进学校、进课堂活动和传承红色基因教育活动，使两万余名青少年从中受益。

2017 年 2 月，张文喜不幸被检查出患有肺癌。面对身边同志的担心，张文喜总是笑着说："最好的药，就是工作。"他不希望大家时刻惦念他的病情，而是将心思更多地放在新妙镇关心下一代工作上。在他看来，"保"比"创"还难。

"共产党员活着就要为党工作，党员的职责一天也不能丢弃，虽然我现在患了癌症，但还是要保持共产党员的初心，不忘使命，要继续为党分忧，做好关爱农村留守儿童工作，把关心下一代工作做实。"张文喜一生以高度的政治责任感和历史使命感，在平凡的工作岗位上践行着一名共产党员的初心和使命，为留守儿童撑起一片天。

（涪陵区文明办供稿）

—— 致敬词 ——

病魔压垮了你的身体，但摧毁不了你坚定的信念。你退休不褪志，散尽毕生温暖，呵护"幼苗"成长。你用生命镌刻时代肖像，用大爱树起不朽丰碑！

敬业奉献

小传

蒋世佳，1982年生，重庆市沙坪坝区磁器口街道金蓉社区党委书记。在洪水中紧急转移受灾群众，"不漏一户，不落一人"。

蒋世佳

2020年8月，受长江上游强降雨影响，重庆迎来长江2020年第5号洪水。此轮洪水导致长江、嘉陵江重庆段水位全线大幅超保证水位。8月18日下午3点，浑浊的洪水裹挟着杂物，一波波涌进沙坪坝区磁器口街道金蓉社区磁南街，形势紧迫。"有个居民需要吸氧，快找发电机！"被洪水围困的磁南街2号，金蓉社区书记蒋世佳站在二楼平台上，焦急地向岸边高喊。为减少安全隐患，此时磁器口片区已经断电、断气，吸氧机无法工作。经过不懈努力，蒋世佳终于联系上了120，帮助这户居民顺利撤离。

从8月13日凌晨开始，蒋世佳就一直奔波于一线，劝说居民在洪水来临前撤离到安全地方。两天两夜，共撤离商户和居民100余户，并转移了无行动能力的居民，蒋世佳没有合过眼，声音也早已嘶哑。撤离工作基本完成后，蒋世佳又迅速组织工作人员、志愿者，马不停蹄地投入清淤工作。妻子生病住院，蒋世佳无法照顾；皮鞋被洪水泡烂了，他也来不及回家更换，还是生病的妻子为他送来衣物和塑料拖鞋。蒋世佳始终坚守在摸排险情、劝离群众的最前线。

19日下午3点，磁南街13号楼因涨水出现地面塌陷，蒋世佳在10分钟内通知并紧急撤离了楼上的40余户居民。蒋世佳的奔走与辛苦，群众们都看在眼里，记在心里。磁南街25号楼居民夏显光说："蒋书记帮我们解决了大家最关心的水表、电表、消防水管等难题和安全隐患问题。他是一个平易近人、一心为群众办事的好书记，我们有事都喜欢找他。""十年九淹"的磁器口，什么水位要撤离、水位每上涨0.5米要搬迁多少户，蒋世佳心里都有一本"台账"。他说："我是党员，提前一分钟通知到商户、居民，就能为他们减少一分损失、增加一分平安，这是我应尽的责任。"

（沙坪坝区文明办供稿）

致敬词

沧海横流，方显英雄本色；滔滔洪水，见证党员初心。在与洪水的较量中，你用忠诚和担当，为群众筑起了一道冲不垮的堤坝。

敬业奉献

姜鹏，1994年生，重庆市荣昌区昌州街道八角井村书记助理、兴农联合党支部书记。清华大学毕业生扎根基层，奉献青春，他是为民服务的青年榜样。

姜 鹏

2019年8月，从清华大学毕业的姜鹏拒绝多家互联网企业高薪邀请，成为一名重庆市选调生。来到重庆后，他又主动放弃市级部门的工作机会，积极申请到基层一线工作，担任荣昌区昌州街道八角井村书记助理、兴农联合党支部书记，负责村集体经济发展工作。

作为传统意义上的产业空心村，八角井村的发展面临着"无基础、无优势、无特色""缺资金、缺技术、缺管理"的先天不足。姜鹏以农村产权制度改革为抓手，积极构建"土地合作社+"产业发展机制，让土地合作社引来先进农业技术、现代企业管理和优质社会资本，有效扭转了村集体经济组织在参与市场经济时的弱势地位。在姜鹏的直接推动下，不到两年的时间，八角井村先后引进了澳洲茶树等10余个现代农业项目，改变了八角井村产业的落后面貌。在产业发展过程中，姜鹏大力推动村民，特别是脱贫户就近务工，服务村集体经济项目，逐步形成了政府主导、农民自愿、学工一体、注重实效的新型职业农民培育制度体系，有效保障了现代农业发展人才需求。

2020年1月25日，农历正月初一清晨，回到江苏老家还不到24小时的姜鹏接到了返岗通知。他当即决定取消筹备已久的婚礼和旅行，辗转多地、千里返岗，支援村里的新冠肺炎疫情防治工作。姜鹏日夜坚守在村里，走家串户、昼夜不息，累计完成7500余人次多轮入户排查和防疫宣传工作。得知区医学集中隔离点工作人员紧缺的消息，姜鹏又主动请缨，申请到隔离点工作。在隔离点工作的38天里，姜鹏克服心理及生理极限，不畏风险、寸步未离、日夜坚守在隔离点污染区内，独立承担50余名确诊患者、密切接触者等高风险人群的日常服务工作。2020年10月，姜鹏获评重庆市抗击新冠肺炎疫情"先进个人"。在平凡的岗位上，姜鹏展现了"90后"青年党员不平凡的责任与担当。

（荣昌区文明办供稿）

—— 致敬词 ——

高材生善用才智，一门心思推动乡村振兴；好青年勇于担当，满腔赤诚服务群众需求。你主动扎根基层奉献青春，是当之无愧的新时代青年榜样！

敬业奉献

小传　徐小松，1983 年生，重庆市开州区大德镇大慈小学教师。扎根山区、坚守讲台，创办"乡拾乡韵"工作坊，用美术专业知识引领山区的孩子和家长以尚美之心向美而行。

徐小松

　　徐小松从开县师范学校毕业后，成了满月镇中心小学唯一的美术教师。在这个偏远的农村学校，孩子们大多是留守儿童、困境儿童，他们的画材有限，很多孩子甚至都没有去过城里。徐小松反复思索着，想用美术教育帮助孩子们走出大山。

　　孩子们缺少画笔，他就用树枝烧成炭条代替；缺少画纸，他就用木板、石板代替。利用学校建设"乡村学校少年宫"的契机，徐小松开设了美术手工坊。为解决物资难题，他一边自掏腰包购置画材，一边利用外出听讲座、带孩子们参赛等机会寻求赞助。多年来，他指导孩子们先后创作出瓦片画、根雕、壁挂等手工艺作品 3000 余件，先后在各项大赛、艺术展演中斩获数百项大奖。

　　2017 年 9 月，在满月镇中心小学任教 15 年的徐小松被调到大德镇大慈中心小学任教，他依然是这里唯一的美术教师。在区教委和学校的大力支持下，徐小松成立了全区第一个美术教育工作坊——乡拾乡韵工作坊。在他的课堂上，孩子们不只是拿着铅笔、水彩在白纸上涂涂画画，还利用各种废旧材料创作充满乡韵的手工制品。在全校师生的共同努力下，学校成了全区美术教育的标杆，并成功创建为市级美术特色学校。

　　通过多年的不懈努力和耐心指导，一大批学生插上艺术的翅膀飞出了大山，成为广告设计师、化妆师、美术教师……其中有 14 名学生进入重庆大学、四川美术学院深造。

　　辛勤耕耘 18 载的徐小松，先后获得了"全国优秀教师""全国先进工作者"称号。面对荣誉，徐小松说："这些是荣誉，更是压力，同时也给了我无限动力。它鞭策着我一直坚持在美术教育的道路上，尽自己最大的努力让'美术之花'开满山区学生的心里，开遍开州大地。"

（开州区文明办供稿）

致敬词

　　你是最美的园丁，为孩子们插上高飞的翅膀；你是燃烧的蜡烛，为孩子们点亮缤纷的未来。你立足平凡，却不甘于平凡，"美术之花"在山村一路飘香！

敬业奉献

邓巧林，1986 年生，重庆市梁平区新金带小学副校长。"走教" 2000 余公里，将 600 余名学生送出大山。"走教" 10 余年，为无数山区儿童送去温暖。

邓巧林

2009 年，大学毕业的邓巧林毅然放弃了父母为她安排在重庆主城的工作，选择了教育事业。2011 年，她通过公招到距离梁平城区 56 公里的响滩完全小学任教。当时学校没有教师周转房，她只能租住在离学校 3 公里外的袁驿镇，每天早晚都得步行近 1 个小时。前来探亲的母亲心疼不已，劝她放弃这份工作，回主城上班。但邓巧林没有听取母亲的劝告，依然坚持留下任教。2014 年，年迈的公婆为了解决她的后顾之忧，也从万州来到梁平，帮她照顾年幼的孩子。有了他们的支持，她扎根乡村教育的信念也更加坚定。

邓巧林在做好自身教学工作的同时，还致力于育人环境的建设。她创办 "春芽故事汇" 黑板报，展示好书推荐、读书心语、励志名言等；自编《春芽阅读手册》，记录学生课外 "一日三读" 的成果；开辟 "春芽问吧" 学习区域，学生们你问我答，激发大家的学习热情。

邓巧林自任教以来，积极开展 "走教" 活动。每周二、四，她上午完成响滩完全小学本部的课程，下午便去民主村小学上课。"从完小到村小走公路近 5 公里，需要 70 分钟。但我平时喜欢走小路，有 3 公里左右，只要 40 分钟。" 邓巧林说，为了节约时间，她每次都选择走一条荒废多年的小路，经过土路、石板路、发电站引水渠、河流、坟地荒山、田坎小道，还要从有狗的农家地坝经过。这样的 "走教" 历程，对于一个柔弱的女教师而言，个中艰辛不言而喻，但邓巧林从未退缩，并参研完成了市级课题《农村小学均衡发展 "走教" 策略研究》。10 年来，她走了 2000 余公里路，将 600 余名学生送出大山，用自己最美好的时光培育着这群孩子们，用无私的爱诠释着自己不变的初心。

（梁平区文明办供稿）

致敬词

扎根基层终不悔，奋斗为本展情怀。"走教" 十年，是教师的职责，更是毕生的追求。你是大山深处的 "蒲公英"，将爱洒满山间。

敬业奉献

夏　强

2020年12月20日凌晨，垫江扶贫群的成员们惊闻一个噩耗——垫江县总工会党组成员、经费审查委员会主任，裴兴镇高石村扶贫驻村第一书记、工作队队长夏强同志因心脏骤停，与世长辞，年仅46岁。惊愕之余，大家悲恸万分，自发来见这位为村民谋幸福的好书记最后一面。"夏书记这么一个大好人，怎么就这么走了呢？"在夏强帮助下脱贫的高石村村民彭坤芳眼泪决堤，"我年纪大了，刚刚去世的老头子以前常年生病用药，儿子又摔断了腿，安了钢板，不能干体力活，在重庆工地看门，一个月只有一千余元，家中还有一个读初中的孙女。多亏夏书记他们一直帮助我们，还为我们申请了低保！"

高石村曾是全县扶贫重点村，因地处偏远，交通条件差。夏强刚来高石村时，村里只有5公里水泥路，其余都是泥巴路。一到下雨天，路上坑坑洼洼，积满泥浆，他必须要穿筒靴才能"蹚过去"，村民们都亲切地称夏强"筒靴书记"。夏强作风正派，从不收群众一点礼品。为了此事，在一次县委主要领导走访高石村贫困户时，贫困户还向领导"告了一状"，说自己为表谢意给高书记抓几条黄鳝送去，几次都被拒绝了。

夏强入驻高石村两年多时间里，村子发生了翻天覆地的变化。高石村先后完成油化道路约8公里，硬化村级道路约12.5公里，修筑便民道路约4公里，便利了村里的生产生活；整治小二型水库1座、山坪塘12口，改造高台地位用水管网7.2公里，彻底解决全村人畜饮水问题；动员外出务工人员回乡创业，建成3万只规模的现代化蛋鸡养殖场……如今，高石村已实现整体脱贫，26户建卡贫困户82人全部脱贫摘帽。

（垫江县文明办供稿）

37

致敬词

呕心沥血为村脱贫，千方百计带民致富。你是高石村民心中永远的"筒靴书记"，脱贫攻坚战频传的捷报上，有你凝结的心血！

敬业 奉献

小传　陶永文，1968 年生，重庆高新区人，重庆金桥机器制造有限公司总工程师、高级工程师，全国劳动模范。潜心研究发动机凸轮轴铸造及机械加工工艺技术，为行业发展做出了积极贡献。

陶永文

多年来，陶永文兢兢业业、精益求精，带领团队攻克一个又一个技术难关。他以坚定的理想信念、高度的敬业精神、扎实的工作作风，诠释了"爱岗敬业、争创一流，艰苦奋斗、勇于创新，淡泊名利、甘于奉献"的劳模精神，创造了突出的业绩。他紧盯汽摩行业凸轮轴研发，潜心研究发动机凸轮轴铸造及机械加工工艺技术，使公司产品凭借优良品质和卓越性能得到配套企业和国外商家的高度赞誉。

他把"创新"二字牢记心中，刻苦钻研技术难题，先后申请了 21 项实用新型专利、1 项发明专利并获得授权，开发的 9 个产品被评为"重庆市高新技术产品"。他在 2000年研发的摩托车系列产品至今在全国市场销量占有率仍超过 60%。2005 年，他率先导入TS16949 质量管理体系，不仅大大提升了设计开发效率，还有效地改进了发动机油泵凸轮轴，使尾气排放标准最高达到欧五排放标准。2009 年，公司因此获评"重庆市高新技术企业"。

2019 年，经过数年钻研、推敲和多次试验，陶永文主导设计的增程式发动机凸轮轴终于研发成功，一系列创新技术有力地推动了汽车、摩托车凸轮轴新品的开发、研制、检测等技术应用，有效地推动了企业的高质量发展，为行业发展做出了积极贡献。作为公司技术负责人的陶永文说："随着智能时代的来临，公司面临着由传统制造向智能制造转型的历史任务。我们通过与世界 500 强企业、电气行业巨头德国施耐德公司合作，形成了 16 条精益生产线和 7 个机加工区的精益布局，实现从数字化车间向智能工厂升级，智能化改造让企业大变样，为制造业带来了新活力。"

（重庆高新区党工委宣传部供稿）

—— 致敬词 ——

有一种追求叫孜孜不倦，有一种热情叫废寝忘食，有一种执着叫锲而不舍。你把"创新"二字牢记心间，在创新的道路上永不停歇，诠释了一名科技工作者的担当和情怀。

敬业奉献

匡秀琼，1965 年生，重庆市潼南区玉溪镇新田社区 4 社村民。二十一年如一日不离不弃照顾瘫痪丈夫，用最朴实的行动温暖整个家庭。

匡秀琼

匡秀琼至今还时常回忆起 20 多年前那段短暂的幸福时光，那时她和丈夫共同抚育两个可爱的女儿，丈夫勤劳顾家，一家人生活虽然清苦，但平静祥和。1999 年的一天，丈夫卜显万因为头晕摔倒在厕所，失去知觉，不能动弹。医生告诉匡秀琼，她丈夫下肢神经萎缩，因为摔倒时腰椎受损严重，已经无法手术，只能慢慢进行康复治疗。为给丈夫看病，她用光了所有的积蓄，还欠下 3 万余元的账。面对失去生活自理能力的丈夫，匡秀琼没有半句埋怨。她每天都要给丈夫翻身、按摩、擦身体 10 余次，至此已坚持了 21 年。在匡秀琼的悉心照料下，丈夫身上没有长一个褥疮，终于可以坐起来了。认识匡秀琼的人无不感叹："她真是个了不起的女人！"

为了还清给丈夫治病欠下的债，她毅然背起丈夫到温州的鞋厂打工。当时是计件工资，为了多挣钱，匡秀英常常加夜班。每天下午，她给丈夫擦洗身子、喂完饭后就赶着点上班，常常到凌晨 2 点才回家。回家后她又忙着清洗当天丈夫的换洗衣物，3 点左右才能睡觉。第二天清早 6 点，她又忙着起床给丈夫煮饭、喂饭，给丈夫按摩，7 点准时去上班。两年下来，匡秀琼就还完了所有的欠款，但自己却累瘦了 10 多斤。

提起妻子的辛苦付出，丈夫卜显万眼眶有些湿润了，他说："这份夫妻情分，是我几辈子修来的啊！"如今，他们的两个女儿都已成家立业，匡秀琼也抱上了孙子。看着小孙子围绕在丈夫膝前的温馨画面，匡秀琼觉得一切付出都有了最好的回报，再难再苦，也在渐渐变成甜。

（潼南区文明办供稿）

致敬词

你是家庭最美的"守护天使"，用不离不弃的真情，唤醒丈夫对生活的希望；用瘦弱的肩膀，成为子女成长的坚实依靠。

孝老爱亲

陈宗文，1964 年生，重庆市丰都县栗子乡南江村 6 组村民。数年如一日地照顾弟弟一家，用无私的付出和坚守生动地诠释了手足之情。

陈宗文

2017 年，弟弟陈孝发在组装木料时不慎滑倒，大脑受到严重损伤导致智力障碍，且身体左侧轻微瘫痪，无法行走。这对哥哥陈宗文来说无异于巨大的打击。原来，弟媳张洪兰从小智力残疾，需要有人陪同才能干一些简单的农活。陈孝发的大女儿从出生开始就患有脑瘫，生活无法自理。

顶梁柱的倒塌，让这个原本就充满不幸的家庭濒临破碎。陈宗文独自扛起照顾弟弟一家的重担。弟弟受伤住院，陈宗文几乎天天在医院守护他，为他按摩身体，直到弟弟出院。每天早上，陈宗文先把饭做好，帮助弟媳给大侄女穿好衣服，再帮助他们洗漱、吃饭。因为侄女长期坐轮椅，为避免肌肉萎缩和长褥疮，他还要给大侄女按摩，清理排泄物，清洗衣物。由于弟媳不具备独立生活能力，陈宗文每天都会把第二天的饭菜准备好，放在厨房，以便弟媳家直接食用。陈宗文还与侄女们的外婆一起承担了二侄女与小侄女上学的接送任务。

为了照顾弟弟一家，陈宗文从未出过远门。他除了在家种地外，就是到周边打零工。即便在自己生病的时候，也坚持照顾弟弟一家，从没有半句怨言。他坚强不屈、乐观豁达，不管什么苦活累活都愿意干，为的就是能多挣一些钱，尽力改善弟弟家的生活条件。在村民的眼中，陈宗文是一个心里只装着家人的人，他们说，这样的兄长实在是少见，靠一己之力，撑起了一个濒临破碎的家庭。

（丰都县文明办供稿）

致敬词

你用粗糙的双手，为家庭撑起一片蓝天；你用宽厚的脊背，为亲人挡住风风雨雨。没有谁天生不畏困难，只因长兄如父的勇敢担当！

孝老爱亲

小传

王贞六，1950年生，重庆市黔江区黑溪镇胜地区居民。靠养蜂脱贫，成为当地的致富带头人，积极投身扶贫志愿服务，帮助乡亲们脱贫致富。

王贞六

2015年7月，黔江区启动脱贫攻坚行动，大力实施精准扶贫、精准脱贫方略。那时的王贞六已年过花甲，体力已不能再支持他外出务工。在驻村工作队和结对帮扶人员的建议和支持下，他参加了中蜂养殖培训班。养蜂，王贞六以前从未接触过，面对一个完全陌生的领域，他想着试一试吧，趁年纪还不算太大，拼一把！没想到这一试，便开启了王贞六的脱贫致富之路。

参加完培训后，王贞六对养蜂产生了极大的兴趣和热情。他拿着政府的到户产业资金2000元和找亲朋好友筹集的资金，做起了中蜂养殖。王贞六将大多数中蜂散养在临近的光明村，那里有成片的油菜花田、乌桕树、五倍子树作为花源。那一年，王贞六共养殖中蜂69箱，销售蜂蜜收入50000余元，加上老伴在家种粮养猪的收入，一家人顺利脱贫。

靠养蜂率先脱贫的王贞六，萌生了要带领乡亲们共同脱贫的想法。他为乡亲们送蜂苗、送技术、送服务，将他从养蜂上尝到的"甜"分享给大家。2017年，在当地镇政府和居委会的支持下，王贞六给村里的25户建档立卡贫困户捐赠了35箱中蜂，并为他们提供技术指导，12户贫困户每年至少增收4000余元。得到大家的信任和肯定后，王贞六成立起中蜂养殖合作社，当年底，王贞六的中蜂已发展到205箱，年收入达到20余万元。

为了提高中蜂养殖的综合利用效率，他开始探索"花　果—蜂蜜—中蜂培育"一体化的现代化立体农业发展新模式。他的愿望是将中蜂养殖发展为胜地社区甚至黑溪镇的一个特色产业，让更多的老百姓能养蜂、会养蜂，靠养蜂走上一条持续稳定增收的致富路。

（黔江区文明办供稿）

致敬词

因为不甘贫穷，所以困难面前不彷徨；因为无惧坎坷，所以脱贫路上敢逞强；因为不忘初心，所以带领乡邻同致富。你用勤劳双手创造"甜蜜"事业，开启幸福生活。

自强不息

小传　　杨声林，1978 年生，重庆市秀山县人。曾经的建档立卡贫困户带领乡亲们发展肉牛养殖业，共同走上致富奔小康的道路。

杨声林

　　2013 年，杨声林家成为建档立卡贫困户。2014 年，在当地帮扶干部的帮助下，杨声林前往附近的建筑工地上班，妻子龚秀荷前往广东汕头务工。经过两年的勤奋工作，杨声林家的生活条件逐渐改善。2015 年底，杨声林向组织申请退出贫困户。杨声林说："因为国家政策好，两个小孩上学有教育补助，我的收入已经完全能够负担全家人的生活开支了。我申请脱贫，希望国家把扶贫资源用在比我更加贫困、更有需要的人身上。"

　　2017 年的一天，杨声林从电视上看到养牛致富的项目，他毅然放弃建筑工地的工作，返乡创业。他一方面通过互联网、请教养殖户等途径学习肉牛养殖技术；另一方面找村里了解修建养牛场的相关政策。他的想法得到了洪安镇人民政府、镇畜牧站及三阳村村支两委的大力支持，很快就协调好了养牛场的选址及用地等事宜。随后，他筹措资金，很快就建起了占地 200 余平方米的养牛场。他买回 20 多头小牛，2017 年就实现年增收 5 万余元。他靠科学的经营管理，仅用 3 年时间就发展到现在常年存栏肉牛 30 多头、年出栏优质肥牛 20 多头的 400 余平方米的规范化肉牛养殖场，年增利润 20 余万元。

　　杨声林在不断发展养殖业的同时，也开始帮助村里的其他养殖专业户。看到其他的肉牛养殖户因为养牛观念落后、设施条件简陋、市场信息滞后、盲目跟风饲养而致养牛效益不高，他主动免费传授经验，帮助解决养殖技术上的难题，提高收益。在杨声林的带领下，村里肉牛养殖户也多了起来，截至 2019 年底共有 8 家，可向市场提供无公害肉食牛 500 余头，创收达 50 余万元，户均增收 5 万余元。村民们的腰包鼓了起来，生活水平也在逐步提高，杨声林成为带领群众脱贫致富的先进典型。

（秀山县文明办供稿）

致敬词

　　天行健，君子以自强不息。你用勤劳的双手，实现从建档立卡贫困户到脱贫致富带头人的华丽转身，激励千家万户勇做敢闯敢干的逐梦人。

自强不息

重庆
好传
人
2021年

洪崖洞／陈勇

五月·六月

Chongqing
Haoren Zhuan

小传　　陈茂秀，1955 年生，重庆市渝北区红十字会志愿服务队队长。义务组织开展遗体器官捐献宣传活动 230 余场，动员 1800 余名群众签订遗体捐献协议书。

陈茂秀

在街坊邻里眼中，陈茂秀是个纯朴、善良、热心公益事业的大姐。邻居生活有困难，她主动为其带去生活必需品；小区疫情防控，她组织业主志愿者协助物业公司做好宣传和排查工作；新时代文明实践志愿服务活动，她邀请渝北区反诈骗中心民警和志愿者一同深入各个社区，专门对老年群体进行培训，宣传反诈知识。

一次偶然的机会，陈茂秀了解到遗体器官捐献活动。2012 年，在爱人逝世 10 周年纪念日当天，50 多岁的陈茂秀来到重庆市红十字会，填写了《遗体捐献登记表》和《人体器官捐献志愿书》，成为一名遗体（器官）捐献志愿者。

陈茂秀发现许多人对器官捐献行为仍感到陌生，甚至有的对其抱有偏见。她开始并不顺利，面对人们的质疑，陈茂秀不厌其烦地宣传讲解，越来越多的人也慢慢了解、理解这个领域。甚至有一对新婚夫妇，在蜜月期间主动填写了遗体器官捐献志愿书。

如何能吸引更多的人成为遗体器官捐献志愿者？陈茂秀有了组建一支队伍的想法。渝北区红十字会"三献"志愿服务队由此成立，她亲自担任队长。如今，这个队伍已经有 40 余人，年龄大的 70 多岁，小的 40 岁。每年"五八"世界红十字日，这支队伍都会创排表演文艺节目，让大家在欢乐的氛围里感受奉献的力量；每年春节期间，他们代表红十字会走进困难群众家中，为其送上温暖和关怀。

作为全国红十字志愿服务先进典型，这 10 年来，陈茂秀累计参加志愿服务时长超过 2000 小时，义务组织开展遗体器官捐献宣传活动 230 余场，动员 1800 余名群众签订无偿遗体捐献协议书，感召 30 余名遗体器官捐献志愿者加入红十字会志愿服务队。

（渝北区文明办供稿）

致敬词

公益事业就像一支火炬，当你举着它前行，总会有人被其光明和温暖吸引，与你同行。你高举火炬前行，造炬成阳，带来片片生机。

助人为乐

李明忠

　　李明忠出身于大足区雍溪镇团结村。小时候家境贫寒，为谋生计，他读完初中便外出打工。凭着吃苦耐劳、虚心好学的精神，他一路从小工做到师傅，从承包小工程到承包大工程，并创办了劳务公司。事业有成之后，他为报效家乡养育之恩，多次慷慨解囊支持家乡建设。

　　团结村以前十分闭塞，甚至没有通公路。2009 年，李明忠捐资 78 万元新建 1.1 公里水泥硬化公路，与邻村已有公路相接，汽车第一次开进了家乡。团结村与雍溪场镇之间是淮远河，从前河上仅有一座供人行走的简易平板桥，还经常被洪水冲毁，村民的出行安全难以得到保障。2010 年，原有人行桥再一次被洪水冲毁后，李明忠捐资 38 万元修建了一座铁索桥，可惜后来也被冲毁了。母亲健在的时候曾对李明忠说，"我们那座桥经常被洪水冲垮，干脆修一座永久性的公路桥，很有纪念意义"。孝顺的李明忠一直记在心里。2019 年，他捐资 550 万元，修建了横跨淮远河的均发大桥，2020 年 1 月大桥正式建成通车。这条长 64.5 米、宽 10 米、跨度 40 米的双向车道桥梁，终于真正解决了当地红星社区及团结村、玉峡村等地 5000 余名群众的出行难问题。

　　虽然常年在外经商，但家乡大小事务，李明忠都记挂于心。修路、建桥、修复古戏楼、建立川剧文化基金、资助贫困学生、为抗击新冠肺炎疫情捐款捐物等，无论家乡的大事小事，他都积极支持、慷慨解囊。2009 年以来，他累计为家乡建设捐款捐物价值已达 890 余万元。他泽及乡亲的故事，在当地早已成为一段佳话。

（大足区文明办供稿）

致敬词

　　捐善款做善事泽被桑梓，修公路建桥梁惠及乡亲。你有着饮水思源的游子深情，更有着扶危济困的好人善心！

助人为乐

小传　　罗成凤，1970 年生，重庆市梁平区礼让镇同河村人，"罗姐食府"总经理。致力于公益服务 20 余年，为许多困难儿童送去了温暖。

罗成凤

　　"谢谢罗妈妈，非常感谢您在我上学期间给予我的爱心捐款，我一定努力工作，积极回报社会。"重庆市梁平区梁山街道新来的工作人员黄某满怀诚恳地对罗成凤说。

　　时间回到 2015 年。一天，罗成凤在朋友圈看见别人转发的一篇名为《救救我的爸爸》的文章，出自实验中学一名即将参加高考的学生黄某。黄某的父亲遭遇车祸急需手术，但是他们家里拿不出医疗费。于是，罗成凤主动伸出援手，救助黄某的父亲。不幸的是，黄某的父亲最终还是离开了人世，让早已失去母亲的黄家三姐妹的生活雪上加霜。

　　"这三个孩子确实太苦了，爸妈都去世了，孤苦无依。"罗成凤说。她竭尽所能给予她们亲人般的关怀，相继资助老大、老二上学，给三姐妹的生活提供力所能及的帮助。如今，黄家三姐妹的性格都十分开朗乐观，一见到罗成凤就亲切地称呼她"妈妈"。

　　除了黄家三姐妹，还有许多孩子也得到了罗成凤妈妈般的关怀和帮助。2011 年，巫山县一名三岁小朋友患原发性肾病综合征，罗成凤带头组织爱心人士捐款救助；2012 年，重庆三峡学院一名云南籍学生因心脏病急需大笔手术医疗费，罗成凤捐了 5000 元；2017 年，梁平区聚奎镇孤儿涛涛患先天性心脏病，罗成凤多次看望，并和爱心大使们一起为其多方寻求帮助，使他成功完成了手术；2019 年，罗成凤得知家住梁平区城东范家大院的三姐弟家庭生活困难，便每月捐款帮助他们渡过难关……

　　2020 年 8 月，罗成凤牵头成立梁平区花季护航志愿者协会，并担任会长一职。协会成立至今，已为贫困地区儿童捐赠书籍 600 余册，为 200 余名贫困儿童送去学习、生活用品及慰问金……"再苦再累，只要听见孩子们喊一声罗妈妈，我心里就十分甜。我一定会保持初心、践行诺言，将志愿服务这项事业一直做下去。"回忆 20 余年公益路上的点点滴滴，罗成凤激动地说。

（梁平区文明办供稿）

致敬词

　　助人为乐，心兼天下；一片丹心，一生承诺。你用炽热的心温暖困难儿童，如蜡烛般光明且温暖。

助人为乐

王红旭，1986年生，生前系重庆市大渡口区育才小学体育教师。2021年6月1日，因拯救两名落水儿童英勇牺牲。

王红旭

2021年"六一"国际儿童节这天，王红旭完成了他人生中的最后一次冲刺，将生命定格在了35岁。

那天，王红旭和几位好友结伴，带着孩子到大渡口区万发码头附近的江边游玩。大约下午5点40分，一阵急促的呼救声忽然传来。"有小孩落水了！"只见两个孩子在水里拼命挣扎，原本嬉闹的人群一下子变得惊慌起来。当时王红旭在距离江水近100米的地方，听到呼救后，他像一道闪电一样冲了过去。

救起第一个孩子后，王红旭没有犹豫，立马向更远处的第二个孩子游去。江水湍急，江滩前沿的江水下面有一个无法用肉眼观察到的断层，王红旭的脚下没有支撑点，加之衣服被江水浸泡后变得异常沉重。在与江水的反复纠缠之中，王红旭的体力已然消耗殆尽。在这个紧急关头，王红旭拼命托举着孩子往前一推，前面的人顺势接住了孩子，而王红旭却因为这一推的反作用力而向后退，一下子被卷入湍急的旋涡。两个和他素不相识的孩子都被救活了。然而，6月2日下午4点左右，噩耗传来——王红旭的遗体在事发水域附近被找到。出殡之日，市民们自发来到育才小学，站在道路两侧默默等待着送别英雄。人们含着泪，一遍遍呼喊："王老师，英雄！王老师，一路走好！"

"千年渡口，凝望奔跑的方向；百米冲刺，笑对生死的考场……"儿天后，重庆音乐人有感于王红旭的英勇事迹，谱写了《最后的课堂：致敬舍身勇救落水儿童的王红旭老师》这首歌，哀婉悲壮的旋律，久久回荡在山城的上空。

儿子出生前，王红旭曾写下这样的句子——"不出意外，你会在阳春三月呼吸到第一口空气，我都有点迫不及待了。"他是如此渴望新生命的诞生，对未来充满希望。

（大渡口区文明办供稿）

致敬词

长江边，义渡口，激流险，你用自己的生命完成了最后的托举。你用奉献铸造师魂，在平凡中酝酿伟大！

见义勇为

小传　　张淋，1970年生，重庆市璧山区人，退伍军人，经营土建生意的个体户。舍身跳入初春冰冷的河水中，勇救落水女子。

张　淋

　　2021年2月24日晚上8点左右，张淋一家人吃完晚饭，像往常一样出门散步。走到双星大桥附近时，只听"咚"的一声响，随后传来"有人跳河了！"的呼喊声。张淋与儿子张校源闻声立即跑到桥下救人，没有丝毫犹豫。父子俩找来一根带网的长竹竿，张淋牢牢抓住竹竿，递给还在水中扑腾的女子手边，就像要将生的希望递给她。"抓住！抓住！"张淋对她呼喊道，但无奈女子没有接住竹竿。眼看着女子往下沉，张淋迅速脱掉衣裤跳入河中。初春的河水，冰凉刺骨。

　　张淋迅速游到女子身边，揪住她的衣领往岸边拽。但女子始终不配合，水中的折腾让两人都耗尽了体力。大约5分钟后，消防救援人员赶到现场，与张淋合力将已无力挣扎的女子拖到岸边。见女子安全获救，张淋默默地离开了现场。

　　认识张淋的人都知道，这不是张淋第一次做好事，也不会是最后一次。"张淋是个好同志，他心思细腻，经常帮小区居民的忙，大伙都喜欢他！"一提起他，人们总是赞不绝口。在身为抗美援朝英雄的父亲的教导下，热爱祖国、扶贫济困的家国情怀从小就深植于张淋的内心。参军入伍，更锻炼了他的担当意识和英勇精神。即便已经褪去了军装，张淋仍时刻以军人本色要求自己。

　　"退伍不褪色！"张淋把这句话践行到生活的点点滴滴。张淋从部队退伍后来到璧山区七塘镇依凤乡红旗煤矿保卫科工作，他忠于职守、乐于奉献，多次联手镇派出所民警抓扒手、擒逃犯，主动报名参与地方山林灭火……张淋夫妇一起为公益事业奉献力量，经常为贫困山区孩子献爱心。在汶川地震、新冠肺炎疫情等灾难面前，他们积极捐款捐物。创业做土建生意后，张淋更是把工程质量放在首位，用诚信服务赢得市场，回报社会。

（璧山区文明办供稿）

致敬词

　　冰冷刺骨的河水中，你奋不顾身，救起一个鲜活的生命；退伍之后的人生里，你延续担当，捧出一份无私的大爱。军装虽脱去，家国在胸中！

见义勇为

小传　　　陈在华，1952 年生，重庆市武隆区凤山街道梓潼社区居民。年近古稀，奋不顾身跳江救起落水少女。

陈在华

自小在乌江边长大的陈在华水性极好。1985 年夏天，陈在华就曾跳进江里救起一名落水儿童。1997 年的一天，他又跳入江中救起一名烤烟工人，并捞起了与工人一同掉落江中的烤烟，在挽救生命的同时，还挽回了国家财产……而最近一次跳进乌江救人，陈在华已经 69 岁了。

2021 年 2 月 28 日，正和儿子沿江散步的陈在华老人远远看见一个女孩在江中挣扎……他顾不得多想，向女孩飞奔而去。

初春时令又逢连日降雨，群山环绕的武隆气温只有几度，而当时女孩落水的位置被称为"鬼滩"，水流湍急，一不小心就会被卷入漩涡。陈在华冲到落水者所在江段边，没有丝毫犹豫，纵身一跃扎进了四五米深的江水中。

陈在华奋力向那名落水女孩游去，岸边群众屏住呼吸，视线跟随他的身影慢慢移动，50 米、30 米、10 米……陈在华终于游到了落水者身边。他将女孩翻了个身，让其面部朝上露出水面，然后慢慢地拖拽着她游向岸边。

当日的乌江水温只有几度，救援已持续 40 多分钟，陈在华意识到女孩危在旦夕，必须分秒必争尽快上岸。水流湍急，随着体能逐渐消耗，陈在华拖着女孩回游的速度越来越慢。就在即将抵达岸边时，他突然感到一阵眩晕，身体逐渐不听使唤。岸边的年轻人赶忙下水，合力将老人与女孩拖上了岸。落水女孩随即被救护车送到医院，所幸没有大碍，观察两天就出院了。事后，女孩父母来到陈在华老人家中表示感谢，哭着说道："感谢您救了我们的女儿，她是我们一家的希望！"陈在华说："孩子没事就好，当时不管是谁，都会去救孩子的，你们要多多关心孩子，帮助她走出落水的阴影，这样才能更好地投入学习，健康成长。"

（武隆区文明办供稿）

—— 致敬词 ——

只身涉险为行义举，古稀老人勇救少女。一次次与江水争夺生命，一次次将危险化为平安，你是乌江岸边当之无愧的"生命卫士"。

见义勇为

小传

邓小春，1945 年生，重庆市垫江县高安镇协合村村民。在一名老太太即将被石料车撞上的危急时刻，不顾个人安危伸出援手救人。

邓小春

安装天然气本是一项惠民工程，而在农村，燃气公司往往只负责安装管道，村民得自行负责管沟开挖和回填。高安镇协合村因无人牵头，此事一直被耽搁。作为普通村民的邓小春联合同村村民邓光荣委托协合村第一居民组长周克余组织召开村民大会，主动提出愿意牵头组织村民安装天然气，并承诺不收取任何费用，天然气安装工程顺利启动。

2020 年 11 月 18 日上午，邓小春正与其他两名村民在协合村一社黄龙寨处回填管沟，协合村 10 社 87 岁的村民徐兴贞过来反映，说挖天然气管沟将她家的田挖漏了。邓小春在详细了解情况之后对其承诺，"天然气安装好后，就立刻把您家田漏水的地方补好"，并提醒她此处正在施工，到处都是碎石，不安全，让她先回家。但徐兴贞没听劝告，而是站到了公路的另一边。

不一会儿，村民陈荣忠用三轮车拉了满车的回填石料过来。因为回填管沟在半坡上，陈荣忠准备将车开到坡顶再下石料。就在即将到达坡顶时，三轮车突发故障，失去了动力，满载石料的车辆迅速向坡下的徐兴贞滑去！现场的人都大声地向她喊，"车失控了，快离开！"可是徐兴贞被吓得不知所措，愣在了那里。千钧一发之际，邓小春一个箭步冲上前去，一把推开了徐兴贞，而他自己却因躲闪不及，被三轮车撞下陡坡，并被侧翻的车斗、石料压伤胸腹部，造成肋骨、胸骨 19 处骨折，住院治疗近一个月，而徐兴贞仅头部受轻微外伤。

邓小春舍己救人的举动受到了大家的赞扬。邻居问邓小春："你都 76 岁了，当时哪来那么大的勇气推开别人，你就不害怕吗？"邓小春笑呵呵地回答道："当时情况确实很危险，用我 19 处骨折换徐老太一条性命，当然值得！我始终相信好人有好报，我能够站起来，连医生都说这是医学奇迹，这就是最好的证明！"

（垫江县文明办供稿）

见义
勇为

——— 致敬词 ———

你为集体事务勇于担当，你为他人平安奋力一搏。七旬老者真英豪，热血澎湃胜少年！

小传　　杨永菊，1972 年生，重庆市巫溪县环卫所环卫工人。拾到 1.3 万余元现金主动交还给失主，拒绝酬谢。

杨永菊

　　杨永菊是巫溪县环卫所的一名环卫工人。2021 年 2 月 19 日，杨永菊和往常一样，清扫片区的马路和人行道。在经过广场斑马线时，她发现地上有一件男士外套。杨永菊捡起衣服将衣服的衣兜都检查了一遍。当她掏出衣兜里一包东西时，杨永菊傻眼了，竟然是一叠厚厚的钞票，整整 1.3 万余元现金！

　　杨永菊心想，失主发现衣服弄丢后，肯定会到经过的地方寻找。于是，她就在原地等候，同时还将捡钱的事情发到微信群和朋友圈，拜托大家在网上发布寻找失主的消息。然而她足足等了近 40 分钟，也没有等来失主，于是向辖区派出所报了警。说来也巧，此时，失主刘先生正好在派出所讲述自己丢失现金的经过。民警通过仔细核对，发现杨永菊捡到的衣服和现金与刘先生描述的情况相符。当天下午，在环卫所工作人员的陪同下，杨永菊来到派出所，将现金如数归还失主。

　　据失主刘先生介绍，当天上午他忙着跑摩的，兜里揣的一万多块钱没来得及存进银行。当时由于天气太热，他将外套脱了搭在摩托车上，至于衣服什么时候弄丢的他根本不知道。自己发现后虽然着急，但对于找回遗失的现金并没有抱什么希望，万万没想到，有人捡到了还能物归原主。刘先生当场拿出现金酬谢，但杨永菊说什么也不要，她说："做好事是一种良心，是我的一种习惯。"在生活中，杨永菊不仅是这样说的，也是这样做的。

　　"2019 年，杨永菊在清扫马路时也拾到了一次'巨款'，最后她通过网络寻得失主，如数归还。"同事们提起杨永菊，纷纷竖起大拇指。"自己虽然是一名环卫工人，收入不高，但不是自己的东西，就坚决不能拿。"杨永菊说，这是她一直以来的人生格言。

（巫溪县文明办供稿）

致敬词

　　拾金不昧，万元现金物归原主；微小举动，温暖巫溪一座城。你是坚守在平凡岗位的"城市美容师"，更是文明城市的最佳代言人。

诚实守信

陈恩录，1928年生，重庆市巴南区人，原巴县界石区教育办公室退休教师。退休后的31年里，坚持开展党的理论宣传，义务宣讲3000多场，听众超100万人。

小传

陈恩录

1990年，陈恩录光荣退休。退休不退岗，陈恩录还是想为孩子们做些有意义的事情，他决定向青少年义务宣讲党史。1992年春，陈恩录动员另外4名退休教师与他一起工作，组建了界石镇5人德育小分队"夕阳红宣讲团"。

宣讲团成立之初，没有宣讲资料，没有工作经费，也没有地方开展宣讲，但这些都没能阻止陈恩录开展义务宣讲的决心。不会使用电脑，陈恩录就坚持手写宣讲稿；没有经费，他就自掏腰包。他主动到各学校陈述自己的想法，逐渐得到学校的认同和支持。

1996年的一天，陈恩录到原界石区最偏远的月华乡清枫小学和楠木小学宣讲长征精神。走到半路，突然天下大雨，路面湿滑无比，陈恩录抓着路边的树枝才能上坡下坎。宣讲结束后，还没赶到家，天就黑了。人生地不熟，不知何处能借宿，陈恩录只有摸黑赶路。好在路上遇到一辆货车，好心的司机顺路把他带回家中。

2000年春天，陈恩录到樵坪斑竹小学宣讲红色故事，来回走了4次才完成宣讲任务。第一次，陈恩录走10公里山路到了学校，结果老师们开会去了，无法组织学生。第二次，他走到半山腰，由于雨天路滑无法上山，只能原路返回。第三次，他乘车到樵坪，再步行去学校。到了学校才发现师生们在参加运动会。第四次，陈恩录出发前写信给学校，约定好宣讲时间。这次，他终于完成了宣讲任务。陈恩录坚持不懈开展红色教育的精神令学校师生深受感动，回家路上，师生们送了他一程又一程。

开展义务宣讲的31年间，陈恩录坚持手写讲稿、征文、报道等2112篇，共计400余万字。他不怕路途遥远，不惧过程劳累，义务宣讲行程10000余公里，其中步行1800余公里。陈恩录先后被《人民日报》等多家报刊刊载，将其誉为三尺讲台上的"不老松"。

（巴南区文明办供稿）

— 致敬词 —

退休不改教育心，一门心思把党传。你是党旗底下的守卫者，党的思想随你的脚印和声音传遍巴南大地，你用行动书写了"永远跟党走"的华丽篇章！

敬业奉献

小传

谢向红，1966 年生，重庆市长寿区江南街道农服中心副主任。扎根基层，无怨无悔，将大半生的精力用于帮助群众增收致富。

谢向红

天星村是长寿区的 10 个脱贫村之一。为完成整村脱贫工作，谢向红主动请缨，带领该村驻村工作队、村支两委干部一家一户走访，摸清基本情况后，决定把基础设施建设作为脱贫的突破口。2015 年以来，他落实资金 2500 余万元，完成公路硬化整治 16.5 公里，解决了天星村出行及运输难题；争取资金 90 余万元，解决天星村 600 余人饮水及灌溉难题；向区及有关部门争取资金 1000 余万元，建成 700 亩枇杷园，帮助 300 余户群众实现了增收致富。

2020 年初，新冠肺炎疫情来袭，不少脱贫户遇到购买农资不便、农产品滞销等问题。为了帮助村民增收，谢向红积极联系江南街道商会和部分农资供应商，为村民送农资、代销农产品。2020 年 3 月底，疫情期间，为助推企业复工复产，他又进企业、下田头、走工地，确保了村扶贫重点饮水主管网 6 公里、天星村"一村一品"700 亩枇杷园内管网 8 公里、人行便道 10 公里、3 个蓄水池等项目如期完工。

获评全国脱贫攻坚先进个人后，谢向红没有止步，全身心投入到巩固脱贫攻坚成果同乡村振兴有效衔接的工作中。"脱贫摘帽不是终点，而是新生活、新奋斗的起点。我们将继续脚踏实地，发挥孺子牛精神！"谢向红说。带领群众过上好日子，一步也不能松劲。谢向红说他将继续抓好产业兴旺、乡风文明和基础设施建设，推进巩固拓展脱贫攻坚成果同乡村振兴有效衔接，推动高质量发展，让乡亲们的日子越过越美好。

（长寿区文明办供稿）

--- 致敬词 ---

牢记使命，锐意进取，乡村振兴接续奋战；坚守初心，扎根群众，百姓冷暖牢记心头。你俯下身子务实干，撸起袖子加油干，让鲜红的党旗始终飘扬在人民群众的心中。

敬业奉献

小传

　　段军，1971年生，重庆市永川区中医院胃肠外科主任、副主任医师。二十五年如一日坚守在医疗一线，用精湛的医术救治病人近万例。

段　军

　　1996年，段军开始了他漫长而又艰辛的从医之路。25年如一日，段军坚守在医疗岗位第一线，从不沾一滴酒，时刻为手术准备着，从未错失救治病人的"黄金时间"。段军独立操刀或者参与协助的手术近万台，年均开展手术500台。长期的超负荷手术频率，致使段军的颈椎和腰椎出现了病变，但只要有病人要求他主刀，他总是毫不犹豫地答应。他总是说："病人对我的信任就是我对事业的最大追求，哪怕再苦再累，咬咬牙、忍一忍就过去了。"

　　"老段、老段，冲锋在前、从不间断。"这是外科同事和病人对段军的评价，在他们眼里，段军就是这样一位"拼命三郎"。段军最常说的一句话就是："作为一名医生，我们的价值就是让病人得到更好的医疗服务；作为一名科室主任，就是要当好带头人、做好科主任，把胃肠外科建设成在全区乃至全市有影响力的'尖刀科室'。"作为科室主任的他，本可以不值班，也不用出夜间急诊，但这些对他来说是家常便饭。胃肠外科的急难危重手术，他都要亲自参与。

　　段军主持研究的"全腹腔镜下右半结肠切除术三步法回肠结肠吻合术大肠癌合并肠梗的安全性及近期疗效研究"被立项为永川区自然科学基金计划项目。肠胃外科四级手术"腹腔镜胃、结直肠癌根治术"，难度极高、风险极大，段军是全院唯一一个能独立开展此项手术的医生。他每年要开展此类手术100余台，从没有发生过一次医疗事故。

　　段军说："一个优秀的医生，要有自我奉献的精神，过硬的专业技术，良好的沟通能力，敢于面对困难的胆识。此外，还要对病人宅心仁厚。"15年来，他坚持无偿献血，累计献血超过7000毫升，获得全国无偿献血奉献奖银奖，同时带动家人和身边人参与无偿献血，为他人送去一片温暖，为社会奉献一颗爱心。

（永川区文明办供稿）

敬业奉献

致敬词

　　手术台边，你救死扶伤；白衣之下，你冲锋在前。你是无私奉献的医者，用一生书写"仁心"。

赵福乾

位于重庆市綦江区石壕镇的红军烈士墓，静静伫立在苍翠欲滴的松柏林中。"这是我父亲几十年前，在红军司务长烈士墓旧址茅坝坪种下的雀舌黄杨，后托人移栽过来的。这么多年，它们仍然挺立于此，守卫着红军英魂。"说话人便是赵福乾，石壕镇文化服务中心的一名普通干部。他的父亲赵志怀从 20 世纪 60 年代开始在茅坝坪为游客进行义务讲解，赵福乾接过父亲的接力棒，继续守护红军墓，义务讲述红军故事，一讲就是十几年。

赵福乾作为土生土长的石壕人，深知石壕镇红色文化有多么珍贵、历史意义有多么重大。从 2012 年 3 月开始，他不分昼夜，潜心收集、整理大量关于石壕红色历史的资料，前后耗时三年多，编纂了两本承载着石壕红色文化的书籍《红色石壕》。

石壕镇文化服务中心的工作需要大量的文字资料，而且很多文字资料需要在电脑上完成，可是中心长期只有他一个工作人员。当时已经 50 多岁的赵福乾对电脑一窍不通，只能从头开始学习。他从未学过拼音，只好学习五笔打字，常常利用吃饭、睡觉前的碎片时间背五笔字根。休息时，他把双腿当作键盘；睡觉前，把被子当作键盘，脑子里背着字根，手跟着在腿上、被子上练习。他靠着"白加黑""5+2"的毅力，做好了文化服务中心的工作，先后指导完成了石壕镇 15 个村的农家书屋和农民体育健身工程等文化体育基础设施的建设工作。

如今，赵福乾即将退休。4 位年轻的讲解员也顺利"出师"，他们将接过接力棒，继续把红军故事和红军精神传承下去。

（綦江区文明办供稿）

致敬词

你是无私的奉献者，数十年坚守于平凡的岗位；你是党的传声筒，将红色文化传扬大地。坚守不易，你用自己的亲身经历书写着新时代的长征精神。

敬业奉献

匡安亮

2021 年 3 月 6 日上午 9 时许，周末在家休息的匡安亮突然闻到一股焦煳味。身为平安员的职业敏感让他马上警觉起来，他顺着焦煳味四处寻找来源，发现楼下窗户冒出滚滚黑烟。"不好！楼下有情况。"他和读大学的小儿子立即冲出家门，几个大跨步跑到楼下门前。

"砰砰砰！"他们用力敲门，却没有人回应。情急之下，匡安亮和儿子合力撞开了房门。只见客厅里燃起了明火，滚滚浓烟在屋内弥漫。匡安亮用衣袖捂住口鼻，在黑烟缭绕的屋内四处寻找，发现一名老人昏倒在床上。他赶紧和儿子合力将老人抬出屋外。随即，匡安亮再次返回屋内灭火，经过奋力扑打，火势得到控制。但匡安亮也在救人灭火的过程中吸入过多浓烟，昏倒在地。瞧见火势的社区干部、当地群众很快赶到了火灾现场将火扑灭，并将昏迷的匡安亮和老人迅速送往医院。

事后，老人的儿子将一面绣有"临危救人，一心为民"的锦旗送到了匡安亮的家中，并执意拿出 5000 元现金表示感谢。"我是社区的平安员，保护群众生命财产安全是我的责任。这笔钱，我不能收。"匡安亮婉言谢绝了。"以后遇到类似的事情，我还是会第一时间冲上去的。"

工作中，匡安亮严于律己、兢兢业业，赢得了组织的肯定和同事的尊重。2013 年，他被提拔为市政大队中队长。生活中，匡安亮见义勇为、乐于助人。十几年前，路遇小孩落水，他二话不说就跳下池塘，奋力救起了小孩。2019 年清明节，正在吃饭的匡安亮得知山上发生火情，立马赶往现场，和干部群众一起奋战一个多小时将山火扑灭。接着，人和场一家民营企业发生了火灾，他又马不停蹄赶往火灾现场灭火，最后累瘫在地。

（铜梁区文明办供稿）

致敬词

"8 小时之内"，你尽职尽责、守护平安；"8 小时之外"，你挺身而出、火海救人。平凡工作岗位上，你恪尽职守、埋头苦干，践行着不平凡的坚守，默默奉献着自己的光和热，感动着一方乡邻。

敬业奉献

| 小传 | 谢雪梅，1975年生，重庆高新区曾家镇龙台社区党支部书记。用真心对待工作，用真情服务群众，是广大居民心中的"知心姐姐"。 |

谢雪梅

　　谢雪梅所在的龙台社区有常住居民 1.4 万余人，主要是征地拆迁后安置进来的农民，社区管理难度极大。自 2016 年任职以来，谢雪梅始终坚持用心用情为群众办实事，不断提升居民的获得感、幸福感、安全感，用实际行动获取居民的信任，将一个曾经"脏乱差"的问题小区治理成"洁净美"的和谐家园。她时刻想居民所想、忧居民所忧，开设"四点半课堂"、寒暑假课堂，帮助社区居民照看孩子；每月为社区老人开展一次免费理发活动，并为行动不便的老人提供上门理发服务，得到居民一致好评。

　　作为一个安置拆迁小区，由于种种原因，龙台社区居民的房产证一直没有着落。为此，谢雪梅多方咨询、寻找解决途径，最终找到一家可靠的办理房产证的公司，根据该公司提供的缺失资料明细，通过电话联系、上门通知等方式，提醒居民积极提交办证资料。截至 2021 年底，社区已成功帮助 1000 余户居民领取产权证，不仅解决了孩子的上学问题，还增加了群众的安全感。在这个过程中，她多次遇到居民情绪激动地找居委会理论的情况，但她总是心平气和，给居民详细讲解办房产证的过程，替他们想办法解决难题。社区有一位名叫陈文淑的孤寡老人，因为感激谢雪梅多年来对她无微不至、用心用情的照料，当房产证办下来后，多次找到谢雪梅表示愿将名下的房产作为谢礼送给她，谢雪梅每次都委婉地拒绝了。

　　近两年，谢雪梅还主动创新社区服务模式，打破传统社区"一站式"大厅的格局，对社区服务中心进行去办公化改造，推出"社区客厅"，设置"雪梅听您说"谈心室，拉近与居民的距离，收集群众的意愿，获得辖区群众的一致好评。

（重庆高新区党工委宣传部供稿）

致敬词

　　用爱心呵护，用恒心坚守，用真心奉献。你在基层的土地上默默扎根，以"为人民谋幸福"为初心使命，让社区充满真情与大爱。

敬业奉献

小传　　冉维梅，1971 年生，重庆市城口县坪坝镇三湾村 3 组村民。照料瘫痪的丈夫 17 年，不离不弃，演绎人间大爱。

冉维梅

2004 年 11 月 27 日，正在灶台前忙碌的冉维梅被一个噩耗"击中"——丈夫周应春种地时被山上滚落的大石砸中。经过医生及时抢救，昏迷了两天两夜的周应春终于苏醒。命虽保住了，但却终生瘫痪。当时，他们的大儿子正在读小学，小女儿才 3 岁，药费、学费、生活费全压在了这个柔弱女子的肩上。家里的顶梁柱倒了，冉维梅的天塌了。

面对家庭突如其来的变故，亲戚朋友都劝冉维梅赶快改嫁。若是自己改嫁，丈夫将失去依靠，孩子将从小与亲生父亲分离，一想到这些，她便痛心不已。永不改嫁，不离不弃！冉维梅毅然做出决定，而这一坚持就是整整 17 年。在这 17 年中，比照顾丈夫的劳累更艰难的是挽救丈夫受伤的自尊心。丈夫本就是个要强的人，出事后，他不能走、不能干活，甚至不能自己穿衣起床，常常自暴自弃。冉维梅用自己的包容理解和锲而不舍，帮助丈夫重新树立起对生活的信心，点亮了他对生活的希望，也让一个遭遇变故的家庭重新焕发出生机与活力。

丈夫刚出事的那几年，所有重活、农活都压在冉维梅一个人的身上。那时交通不便，村里没有公路，上集市买的化肥、生活用品也全靠冉维梅肩挑背扛搬回家，长此以往，她的腰甚至被挤压变形。新一轮脱贫攻坚战打响后，冉维梅家被评为建档立卡贫困户。村里的公路正好经过她家门口，她想到可以开三轮车拖运农产品来赚钱，靠着一辆改装的三轮摩托车，冉维梅家的年收入达到 1 万余元。2019 年，冉维梅家主动申请脱贫，被评为当年的脱贫光荣户。如今，儿子已长大成人，女儿考上了江苏南通大学的临床医学专业，冉维梅一家终于迎来了幸福的生活。

（城口县文明办供稿）

致敬词

你用倔强和坚守演绎人间大爱，诠释幸福生活的真谛，彰显超越平凡的温情。无论天荒地老还是沧海桑田，你用滚烫的赤子之心，践行了责任，印证了真情。

孝老爱亲

张锡会，1978 年生，重庆市万盛经开区万东镇五里村村民。无怨无悔挑起家庭重担，用双手努力还家庭一个幸福的模样。

张锡会

2005 年，张锡会的哥哥被确诊为病毒性脑炎，因高昂的医疗费用，嫂嫂留下年幼的孩子离家出走。在外务工的张锡会听到这个消息后，没有一丝犹豫，决定辞职回家照顾重病的哥哥。那一年，她才 27 岁。

每天，她将家里事务打理完后，便直奔医院照顾重病的哥哥吃饭、吃药。晚上，她独自陪护重病的哥哥。为了留出更多的时间照顾家人，她甚至剪去了自己蓄了很久的长发。尽管术后的哥哥还是瘫痪在床，智力也受到严重影响，但张锡会说至少哥哥的命保住了，只要命在就还有希望。

但是，祸不单行，这一年，她的父母因各种原因选择离婚。最后张锡会同母亲、哥哥以及两个 2 岁多的侄女都离开了原来的家。因经济条件有限，一家三代 5 口人只能租住在一间狭窄的房间里。房间除了过道外，就只能摆放 3 张床，居住条件非常艰苦。

张锡会每天忙前忙后地照顾一家人的生活起居，脚不沾地。为了还清哥哥治病欠下的债，张锡会再一次踏上了外出务工赚钱的道路。她就没日没夜地工作赚取加班费，甚至同时打几份工，终于慢慢还清外债，养大两个侄女。

张锡会的母亲说，女儿太难了，为了这个家庭辛苦操劳，一直没有成家。张锡会考虑自己家庭条件不好，不想拖累别人，同时也想有更多的精力照顾家人，委婉拒绝了别人介绍的对象。张锡会想等外债还清了、哥哥病愈了再考虑个人问题。但这一等就是 16 年，而她已经错过了最美好的青春年华。

经过多年的努力，如今，张锡会一家搬进了宽敞明亮的新家。她说："我家现在已有了幸福的模样，两个侄女已经长大成人，哥哥虽然还卧病在床，但是我们已有了属于自己的家。"不管前路多么崎岖，只要心有方向，匍匐向前，也比站在原地更接近幸福。

（万盛经开区文明办供稿）

致敬词

只因血浓于水，面对生活的坎坷和磨难，你勇往直前；只因手足情深，挑起照顾家庭的重担，你无怨无悔。在平凡的坚守中，你用行动诠释了人间大爱。

孝老爱亲

周小琴，1980年生，重庆市万州区余家镇扶贫办信息员。虽身体残疾，却依然靠自己的双手实现了脱贫致富梦。

周小琴

　　1996年，年仅16岁的周小琴被医院确诊为慢性骨髓炎。尽管她积极配合治疗，经历了两次刮骨膜手术和一次根骨摘除术，但效果并不理想。2004年初，她左腿的伤口开始大面积溃烂，不得不截肢保命。截肢后，坚强的周小琴主动联系万州区残联，申请到全区第一个免费假肢。戴上假肢后，她坚持康复训练，即便大腿因为训练被假肢磨出血泡，她也没有放弃，凭着坚定的毅力她学会了依靠假肢行走。2010年，上天又和周小琴开了一个无情的"玩笑"——丈夫因尿毒症去世了。周小琴和年仅5岁的孩子从此相依为命。

　　"没有腿，我还有手；没有丈夫，我还有自己可以依靠。"面对生活一次又一次的打击，周小琴从未屈服。2016年，她主动报名参加万州区残联举办的残疾人计算机培训。有了一技之长，总会有用武之地，周小琴时常这样鼓励自己。靠着熟练的计算机操作和自学的电商运营知识，周小琴萌生了自己办一个电商平台，让村里的农副产品"走出去"的想法。说干就干，周小琴在余家镇办起了电商平台，为20户村民销售大米、果蔬、腊肉等农副产品，当年增收超过3000元。这次经历使周小琴"靠自己"的想法越发坚定。2017年，她又报名参加了养殖培训班，学完后就买了200多只鸡鸭来饲养，当年仅此项便增收5000多元。2019年，周小琴来到余家镇扶贫办，当起了一名扶贫信息记录员。打理商店、饲养家禽、抚养孩子，周小琴把生活安排得井井有条。在她看来，和乡亲们共同走在脱贫致富的道路上，就是她最幸福的事情。

　　周小琴用自强改写命运，用奋斗改变家庭，实现了从站起来，到富起来，再到强起来的完美逆袭，被大家称为女"硬汉"。

（万州区文明办供稿）

致敬词

　　经历千难万险，仍如葵花般向阳而生；尝遍千辛万苦，仍向好日子勇敢迈进。心怀梦想的人了不起，勇敢坚毅的人会发光！

自强不息

小传　代平英，1989 年生，重庆江北区幸福加社会工作服务中心的爱心社工。身残志坚，靠着双脚串珠实现自力更生，并积极投身助残社工事业，帮助残疾人重拾希望。

代平英

印度诗人泰戈尔的《飞鸟集》中有一句美丽的诗句：世界以痛吻我，我却报之以歌。这便是代平英的写照。自幼先天性双臂高位缺失的代平英，始终以坚强和善良回报社会。她心存大爱，走上义工之路，教授残疾人串珠技巧和自媒体技术，用大爱点亮残疾人的心灯。

童年时，代平英常常被人"另眼相看"，很少有小朋友愿意跟她一起玩。读书时，学校担心她生活不能自理，婉拒她入学的请求。18 岁那年，刚成年的她不愿闲在家中，决心学习刺绣技艺。刺绣本就不简单，更别说用脚绣了。起初，她的脚趾常常被针头扎伤，但她始终没有放弃学习。经过两个月的不懈努力，她终于完成了人生中的第一幅十字绣作品。2016 年，得知串珠工艺品在沿海地带的景区特别受欢迎。那一刻，代平英找到了属于自己的发展之路。她四处拜师，学习串珠技艺。通过潜心钻研，她的串珠技艺突飞猛进，她还能创编手链、手机挂饰、手提包、小动物等作品。虽然每天忙忙碌碌，钱也赚得不多，但能自力更生，代平英已经感到非常满足。

找到事业的方向后，代平英并没有沾沾自喜。她从"小我"走向"大我"，从利己走向利人。2020 年，代平英主动加入助残社工队伍，从此走上了帮助残疾人、促进残疾人与社会融合的公益服务之路。代平英向残疾人传授串珠技巧，指导居民制作视频，玩转自媒体，为大家送去数不尽的欢声与笑语。截至目前，代平英服务范围已覆盖江北近 50 个城乡社区，累计参加各项公益服务 200 余次，教授近 2000 人串珠技巧和制作自媒体视频。

如今的代平英，已经蜕变为一名"斜杠"达人，她不仅是串珠能手，也是爱心义工、"网红"自媒体人。每一个身份都是对她自强不息生活态度的褒赏。虽然命运没有给她健全的身体，但她却用奋斗证明了自己顽强的生命力。

（江北区文明办供稿）

—— 致敬词 ——

信念是你的"翅膀"，坚强是你的"臂膀"。在残缺的世界里，你经历风雨，穿越黑暗，终守望到最美的彩虹！

自强不息

杨云刚，1966 年生，重庆市北碚区金刀峡镇小华蓥村青山沟组村民。身残志坚，积极发展养蜂产业，带动其他村民一起致富。

杨云刚

2003 年，杨云刚在重庆北碚天府煤矿上班时，煤矿内的一根支柱突然倒下，导致他的左大腿根部股骨断裂，被评定为肢体四级残疾。家里唯一的经济支柱倒了，一家三口的生活只能靠杨云刚微薄的带薪养病工资支撑，入不敷出。"日子无论多艰难，我一定要坚强地过下去，而且要过得更好。"那时的杨云刚常用这句话来鼓励自己。他积极配合治疗，进行康复锻炼。2005 年，他能下床拄着双拐行走了。2008 年，他的身体基本康复，却留下了跛脚的后遗症。

为了改变家庭的生活条件，杨云刚下决心摸索着养蜂。他拿着东拼西凑的 2 万元钱购买了第一批蜂箱，开始了蜜蜂养殖事业。可还没等他感受到蜂蜜养殖的"甜蜜"，困难就马上来临。一天，杨云刚在检查蜂箱时，发现许多蜜蜂的尸体，蜂蜜也被严重破坏。看到蜂箱一片狼藉，杨云刚措手不及，心痛万分。尽管遭遇了困难，他仍然咬咬牙坚持了下去。他向养蜂人请教，终于弄清楚是马蜂偷吃蜂蜜的原因，他找来蜜蜂养殖的资料学习，遇到不懂的就向其他养蜂人请教，一有空就观察蜜蜂，琢磨怎样才能把蜜蜂照料得更好。功夫不负苦心人，他终于摸索出了养蜂经验，不断扩大养蜂的规模，还正式注册了企业营业执照和商标。

"我一定尽力把养蜂专业合作社做好，回报社会和乡亲。"脱贫致富后的杨云刚没有忘记在自己困难时，政府和父老乡亲给予他的支持，他选择将这份情谊传递下去。如今，杨云刚把自己的养蜂技术传授给小华蓥村的 30 位村民，村民们养了 300 桶蜂，每年可产蜂蜜 3000 余斤。他带动小华蓥村村民一起脱贫，回馈社会。

（北碚区文明办供稿）

─── 致敬词 ───

生活有时会给予人苦难的考验，但总有一些无畏的勇士，从不沉沦于苦难之中，正如你凭着顽强的意志和勤劳的双手，把生活的苦难酿造成幸福的蜜糖。

自强不息

刘　冬

　　刘冬有着一个灰色的童年。1 岁多的时候，她的父亲因伤残疾，失去了劳动能力，后来母亲便离开了她和瘫痪在床的父亲。10 岁那年，父亲又因病去世。从此，刘冬和年老体弱、收入甚微的爷爷奶奶一起生活。而不幸并没有就此停止。她读初中时，爷爷因病去世，奶奶的身体也时好时坏。

　　面对接连的打击，刘冬明白，只有自己能救自己。从小学到高中，刘冬的成绩始终名列前茅。高中毕业后，她申请国家助学贷款，进入了梦寐以求的大学校园。在大学里，她不断地激励自己上进，每年都获得学校的奖学金。课余时间，刘冬便勤工俭学，每天积极向上地学习和生活。"别人和我比家庭，我和别人比明天。"这句话一直激励着她奋斗，她不敢停止脚步，她要用未来证明自己。

　　大学毕业后，刘冬回到镇上，参加政府公益岗位的工作。她主动申请脱贫，不再享受各种资助。之后，刘冬借助"扶贫小额信贷"开始创业，开起一家米线店。经过不懈努力，从第一家店，到第二家、第三家……截至目前，她一共开了 5 家分店。

　　成功创业后，刘冬积极运用自己的资源回馈社会。她主动了解、联系有就业需求和就业困难的群众，为他们提供工作的机会。她还鼓励、带动 10 余名有创业意愿的贫困大学生创业。此外，她还以自己的店铺为载体，帮助贫困户销售农产品。据统计，自创业以来，刘冬成功帮助贫困户销售农家鸡 2 万余只、鸡蛋 3 万余枚。作为新时代文明实践志愿者，刘冬还组织、参与了 200 余场志愿服务活动，主题包括人居环境整治、关爱老人、红色宣传、扶贫宣讲等，近千名群众参与活动，并受到激励。

（荣昌区文明办供稿）

致敬词

　　无父无母，靠自己努力奋斗；自立自强，让人生精彩绝伦。你就是黑夜里的星星之火，照亮自己，也照亮他人。

自强不息

七月・八月

小传　　陈昌龙，1955 年生，重庆市江津区巨能再生金属制造有限公司原董事长。老兵退伍不改初心，热心公益 20 余载，用心传递大爱。

陈昌龙

"人民子弟兵为人民。虽然我已经退伍 44 年，但戎装褪去，不忘初心做军人。"说这句话的老兵，就是陈昌龙。陈昌龙作为江津土生土长的民营企业家，创业之初就秉承"积善成德"的理念，始终把扶弱助残放在重要位置。

"办厂初期，厂里 80% 的员工都是残疾人，因为我想帮助这批人就业，让他们能够自食其力、受人尊敬，和正常人一样生活和交往。"在陈昌龙看来，让残疾人过上好生活的办法就是让他们有活干、有钱赚。从企业创建至今，他先后安置 200 余名贫困残疾人到企业就业，积极参与助残公益活动，惠及 1000 余名残疾人士，推动了江津残疾人公益事业更好地发展。

2009 年，陈昌龙回江津区贾嗣镇玉皇村探望当知青时的乡亲们，路过新胜小学，看见两位老人正吃力地铲石子维修公路。年迈老人说的"不让孩子们上学摔跤"一席话，令他深受感动。他当即为新胜小学捐资 4.5 万元，修建了一条长约 800 米的乡村公路。村民们把这条路命名为"昌龙支路"，并立碑勒石。

2012 年，一个叫袁贞臻的听障女孩以优异的成绩考入大学，成为江津区首位听障女大学生。然而，她的父亲却被查出肾衰竭，令原本就一贫如洗的家庭雪上加霜。陈昌龙知晓此事后，长期资助女孩上学，直到她大学毕业。像这样的困难学生，陈昌龙先后资助过 20 余名。

长江沿线遭遇特大洪水灾害、全区召开全国助残日活动、社区召开关爱老人活动时，总能看见陈昌龙捐款捐物的身影。20 余年来，陈昌龙捐赠的善款多达 200 余万元，援助的留守儿童和空巢老人达 1000 余人次。陈昌龙表示，善行义举还将继续进行下去，只要有一分热就应该发一分光。

（江津区文明办供稿）

─── 致敬词 ───

不忘初心回馈社会，弱势群体就业梦圆。你 20 余年的坚持，是军人的初心不改，更是企业家的责任担当！

助人为乐

小传

田朝树，1954年生，重庆市永川区永荣茶厂董事长。退伍40多年来，克服重重困难，带领父老乡亲大力发展茶产业，走上致富路。

田朝树

田朝树是永荣镇种茶致富的开创者、当地农民脱贫致富的领路人。他几十年来对茶的一片丹心、对茶的默默付出，让永荣镇成为重庆市茶叶第一镇。

茶叶，长期以来是田朝树的家乡永川的特色产业，但经历了20世纪90年代茶叶"红改绿"和企业改制，当地的永荣茶厂因为负债累累濒临倒闭。退伍回乡的田朝树不愿看到茶园荒废，毅然决定接手茶厂，重振茶业。在镇党委政府的支持和亲朋好友的帮助下，田朝树克服重重困难，还清了茶厂债务，让茶厂渐渐重振生机。

种茶叶投资大见效慢，要三年才有收益，加上管理技术不到位，很多农民不愿种茶叶。田朝树带头建立良种示范基地，帮助农民种茶2000亩，并无偿提供良种茶苗400万株、各种肥料50多吨，开展技术培训2000多人次。同时，茶厂与茶农签订了产销合同，将茶农的茶叶全部收购，极大地调动了茶农的种茶积极性。对于残疾人农户，他无偿提供种苗、肥料、资金和技术，带动了160多位残疾人及其家庭种茶，并帮助他们销售，每户年均增收超过3000元。

田朝树带领公司积极响应脱贫攻坚号召，利用自身优势帮助镇上建立茶叶产业扶贫基地，提供盛产期的茶园给镇上作为茶产业"创业园""致富园""就业园"。2020年，田朝树的永荣茶厂获得重庆市"万企帮万村"精准扶贫行动"先进民营企业"称号。

老骥伏枥，志在千里。作为一名退伍多年的老兵和曾经的村支书，更作为一名48年党龄的老党员，田朝树总说："军旅生活教会我吃苦耐劳、敢想敢干，村支书的经历教会我不忘初心、夯实基础。我愿在党旗的指引下，艰苦奋斗、踏实干事，让永荣'人均拥有一亩茶、家家增收一万元'，真正让'茶叶变金叶，茶山变金山'。"

（永川区文明办供稿）

致敬词

一片茶叶致富一方百姓，一片真心温暖一座乡村。你是致富领路人，始终为家乡脱贫发挥余热；你是党的好儿女，始终将为民服务放在心上。

助人为乐

小传　胡朝木，1933年生，重庆市璧山区关工委名誉主任。身为老党员，不忘初心，将满腔热血倾注在关爱青少年健康成长的工作中。

胡朝木

有人戏称胡朝木是"爱管闲事的老头"。但他说，"闲事"一定得有人管。1992年，59岁的胡朝木担任璧山区关工委顾问，开始了他"管闲事"的后半生。

1999年，党组织交给胡朝木新的使命——出任璧山区关工委名誉主任，他欣然赴任。有人说他"冒傻"，因为在他退休后，曾先后有三家企业聘请他担任顾问，工资待遇比他退休前的还高出许多。可当组织需要时，他二话没说便放弃高薪，到关工委驻会，干起了每天只有2元钱补助的"苦差事"。他总是说，"关心下一代的工作，不能计较报酬，而要只讲奉献""共产党员就是要讲奉献，不要怕吃亏"。

2013年，《璧山报》上一篇题为"九岁女孩用稚嫩双肩扛起一个家"的报道进入胡朝木的视线。报道中说，来凤街道鹿鸣小学三年级学生刘某某，母亲病故，父亲瘫痪在床，家里一切事务都落在年仅9岁的刘某某身上，小女孩面临辍学危机。胡朝木第一时间核实情况后，立即向县委分管领导报告，迅速解决了小女孩的难题，让她得以安心学习。

长期以来，对于留守儿童和家境贫寒的孩子，胡朝木都尽可能地帮助他们。他省出自己多年积蓄的10万元退休养老金，捐献给区关工委，以"老同志捐助特困生基金"的方式资助了10名困难大学生，帮助他们圆了大学梦。

做好关心下一代工作很不容易，尤其对于胡朝木而言——他早在1991年就身患癌症。因此，组织上刚任命他为区关工委名誉主任的时候，家里人很怕他承受不住高强度的工作。胡朝木却认真说道："关心下一代的工作任重道远，只要组织上需要，身为共产党员就必须服从。"三十年来，他一直自我激励，不向病魔低头，辛勤耕耘在关心下一代工作的第一线。他用自己的无私与大爱，为孩子们点燃读书的希望与面对社会的勇气。看见孩子们的笑脸，胡朝木觉得他所做的一切都是值得的。

（璧山区文明办供稿）

—— 致敬词 ——

一颗真心践初心，老弱身躯扛起关工使命；八旬君子护稚子，无私臂膀温暖祖国花朵。桑榆虽晚胜韶华，皓首丹心献余热。

助人为乐

吴建新，1955 年生，重庆市荣昌区老年大学副校长。老党员时刻践行"为人民服务"的宗旨，尽己所能帮扶困难群众。

吴建新

　　吴建新是一名有着 43 年党龄的老党员，他时刻践行"为人民服务"的宗旨。凡熟悉他的人，都说他是一个乐善好施的好人。他的口头禅是："这个世界人人都需要帮助，我们在帮助他人的时候，他人也在帮助我们。"助人为乐，就是他做人做事的一贯作风。

　　一个偶然的机会，当时在县监察局工作的吴建新在街上遇到了八十来岁的吴顺清老人。吴建新童年时就认识吴顺清老人，称其为吴阿姨。当时吴顺清居无定所，身边也无人照料。吴建新便经常在工作之余去看望老太太，嘘寒问暖。2013 年，老太太 94 岁，下楼时不慎摔断了股骨，吴建新接到消息后立即把她送往人民医院救治。就这样，吴建新无私帮助了吴顺清老人 14 年，直到她去世。

　　观胜镇的农民雷洪彬因朋友介绍认识吴建新。虽然他们平时见面并不多，但在雷洪彬需要帮助的时候，吴建新立刻伸出了援手。2012 年，雷洪彬因身体欠佳，结束云南打工生涯返回荣昌治病。吴建新知道后，就积极给他推荐医院和医生。没想到几年后，雷洪彬又患上了尿毒症，每隔一天就要去人民医院透析一次。天天往返于县城和观胜镇之间治病，经济和身体的双重压力令雷洪彬苦不堪言。于是，吴建新便和妻子商议，把自己准备出租的那套房子借给雷洪彬一家暂住。这一住就是 6 年多，而吴建新从没收取过雷洪彬一分钱租金。

　　吴建新在荣昌区老年大学担任领导以来，时常与学校行管人员一起，带领艺术团和相关班级送文化下乡，深入镇村为烈士军属、五保老人慰问演出、捐资捐物。他尤其关爱"失独"人员，通过各种方式疏解他们内心的伤痛，并和区计划生育协会共同商议，为这部分人提供力所能及的帮助。现在，学校的音乐九班就有 32 位这样的特殊家庭学员。因为热心从事公益事业，荣昌区老年大学获评"中国爱心家园示范点"。

（荣昌区文明办供稿）

致敬词

　　遇到一个帮一个，尽己所能扶助弱势群体；想到一件办一件，无私奉献勤做好人好事。你把帮助弱者融入日常生活，树立了共产党员服务人民的典范。

助人为乐

小传　　杨凤连，1968年生，重庆市垫江县澄溪镇龙兴村村民。无怨无悔孝顺公婆，不求回报照顾困难邻居。

杨凤连

　　杨凤连婚后一直孝顺公婆，和丈夫一同把小家经营得和和美美。但1997年，杨凤连的公公突发严重高血压，病情严重。多少个日日夜夜，她陪伴在公公病床前如同照料自己的亲生父亲一般。2015年，她的婆婆又患了小脑萎缩，常常出门就忘记了回家的路。因此，无论严冬酷暑，只要听说婆婆不见了，她总是立马放下手里的事出门寻找。

　　邻居闵云良、闵云国兄弟俩自幼父母双亡，相依为命。哥哥闵云良天生听力障碍，且身患糖尿病、高血压、老年痴呆等多种疾病，生活不能自理，长期由其弟弟闵云国照顾他的饮食起居。2018年，闵云国突然因病去世，闵云良失去了唯一的依靠。俗话说"远亲不如近邻"，正当他不知所措的时候，好心的邻居、52岁的杨凤连主动站了出来，不仅帮忙料理闵云国的后事，还提出之后由她来照顾生活不能自理的闵云良。

　　随着年龄增长，闵云良的病情越来越严重，杨凤连就像哄孩子一样哄着闵云良吃饭吃药。有人说她"傻"，自己给自己找麻烦。但是不管别人怎么说，她都始终没有放弃。2021年4月，闵云良去世，她还亲力亲为地帮其料理后事，送了这位老邻居最后一程。"有人说我是'一根筋'，我也确实就是'一根筋'，看一个人有困难我就是撂不下。谁一辈子还不遇到点难事呢？能帮就帮一把。他没得亲人，在世时让他能吃上热乎饭，去世了也要让他热热闹闹地走。"杨凤连真诚地说道。

　　老吾老以及人之老。得到杨凤连关心的老人还不止闵云良。要是谁家老人到了饭点还没吃饭，她就会邀请老人到自己家里吃饭；要是发现哪家老人当天没出门，她就会敲门查看是什么原因。作为一位普通的农村妇女，杨凤连用一颗尊老助老的初心，用自己的质朴和坚持，默默感染着身边的人。

（垫江县文明办供稿）

致敬词

　　你用朴素的孝老情怀，书写人间至真的善意；你用持续的点滴善举，温暖身边困顿的乡亲。老吾老以及人之老，你有着最质朴动人的美丽心灵！

助人为乐

小传　张前伦，1965年生，重庆市保安集团涪陵区剑威有限公司保安员。巡逻时遇女子跳江轻生，奋不顾身跳入江中救起落水女子。

张前伦

江南滨江公园地处涪陵城区滨江大道，是涪陵主要的沿江公园之一，享誉中外的白鹤梁水下博物馆就处于该公园区域内。张前伦负责园区内廊桥水岸至金科长廊沿线的巡逻任务，无论酷暑寒冬，他都始终坚持在巡逻第一线。

张前伦对待工作一丝不苟，认真负责。他所在的保安岗位巡逻区域一个来回需要走上5公里路程，每天他都要走上多个来回，衣裳常常被汗水浸透，挥挥袖都能甩出水。2021年7月2日下午1点30分左右，张前伦上岗巡逻，听见路人说金科廊桥对面的长廊地段江边有个女孩好像要跳江轻生。张前伦知晓这一情况后立即向长廊地段赶去。考虑到近日长江洪峰过境，晚一分钟就多一分危险，他心急如焚，平时巡逻需要50分钟的路程，这次只花了10多分钟就赶到了。当他来到江边，发现水流湍急的江面即将没过女子的头顶。危急关头，张前伦没有多想，奋不顾身地跳入湍急的江水中，将女子一点点地带到岸边。在班长喻忠红的协助下，两人合力将女子拉上了岸。"你还这么年轻，没有什么困难是克服不了的。你如果不在了，你的父母、亲人会多么伤心。"见女子情绪非常低落，张前伦和喻忠红不断地对其进行安慰开导。所幸，在二人苦口婆心地开导下，女子的情绪逐渐稳定，并主动找到了自己此前丢在江边的鞋子穿上。跟着民警离开之前，获救女子特地转过身来，对着张前伦和喻忠红说了一句"谢谢"。这一句谢谢，让张前伦悬着的一颗心终于放下。

对于这次救人义举，张前伦说得很轻松："当时也没有考虑危不危险，心里想的就是把人救起来。还好跑得快，如果晚点到就不知道能不能把人救起来了。"岸边的目击者连连称赞他道："挽救生命毫不犹豫，他是勇敢的英雄。"

（涪陵区文明办供稿）

致敬词

乐于助人，危急时刻，挺身而出尽显勇者本色；热情不减，奉献不止，点滴善举谱写正气之歌。你忘我救人的义举，让生命之花温柔地绽放。

见义勇为

小传　王小波，1981 年生，重庆可欣餐饮管理有限公司技术培训主管。在南岸区煤气泄漏意外中，凭着智慧和勇气，成功挽救了 4 个人的宝贵生命。

王小波

　　2021 年 7 月 6 日 19 时，正在妻子经营的理发店帮忙的王小波突然听到有人呼喊"快点、快点，有人晕倒了！"他循声而去，发现隔壁的"牛油拌饭"餐饮店大门紧闭，店内的 4 个人全部晕倒在地。他初步判断，店内人员很有可能是煤气中毒。没有丝毫迟疑，他立即提醒围观群众保持安全距离，同时打开餐饮店大门进行通风，并用湿毛巾捂住自己的口鼻，独自冲进了餐饮店。

　　餐饮店中弥漫着呛人的煤气味，看到地上昏迷的 4 个人，王小波的心中只有一个念头："必须马上把他们救出房间！"他将已经失去意识的 4 个人依次转移到店外的安全位置，同时，请求周围的群众对昏迷者采取急救措施并拨打急救电话。他再次返回餐饮店内，找到并关闭发生泄漏的煤气罐的阀门。得益于王小波的抢救及时和处置措施正确，并将中毒人员及时送到了医院抢救，4 名中毒人员最终都脱离了生命危险，同时也避免了煤气爆炸的可怕后果。

　　王小波的见义勇为并非一时冲动。谈到王小波，他的妻子激动地说："我丈夫是个热心肠的人，经常主动帮助别人。"2020 年，王小波夫妻和同事一行人发现一名 20 岁左右的女孩晕倒在路边的垃圾箱旁，已经失去了意识，身上还沾了一些垃圾。王小波迅速将女孩背起，乘坐同事的汽车前往附近的重庆市第六人民医院。抵达医院后，王小波主动为女孩办理了入院手续，垫付了医疗费用，并一直在医院等待女孩的检查结果。直到医生告知他女孩身体已无大碍，他才放下心来。每当别人夸奖他乐于助人时，王小波总是不好意思地说："都是一些小事，不值一提。"

（南岸区委文明办供稿）

致敬词

　　善行无疆，你在危急关头挺身而出；大爱至上，你见义勇为彰显赤子之心。你用善举诠释世间真情，传递社会正能量。

见义勇为

小传   钟志国，1969 年生，重庆市忠县人，重庆三峡民康医院医技科科长、忠县巴国飞鱼游泳队队员。两次在长江中勇救落水者。

钟志国

2019 年 3 月 29 日下午，钟志国跟往常一样到长江里游泳锻炼。18 点 20 分左右，她抬头看到岸上很多人冲着江心呼喊。循声望去，她发现离自己不远处有一名男子时浮时沉，情况十分危急。"不好！有人落水了！"来不及多想，她奋力向该男子游过去。因水温较低，那名男子已被冻得脸色苍白、嘴唇发紫，意识也开始模糊。

落水男子身上的冬衣浸泡水后变得更加沉重，加之在水中施救使不上劲，救援非常困难。稍不留神，开展救援的她就可能连同落水者一起沉入江中。然而，钟志国并没有顾及自己的安危，她只想着一定要拼尽全力把落水者带到岸边。她将男子的头部托举出水面，避免其呛水窒息，然后借助随身携带的救生浮球，连拖带拉将男子拽住后往岸边游去。所幸，接到报警的长江航运公安局救生艇很快抵达了现场。他们抛下救生衣，钟志国将救生衣套在男子身上，民警在船上拉，钟志国在刺骨的江水里使劲推，男子终于成功获救了！此时，钟志国已经筋疲力尽。她默默离开了现场，没有留下姓名。

2020 年 11 月 12 日上午，钟志国又救了一名落水者。当天早上 7 点 30 分左右，她和游泳队的队友们游到长江喂鸟投食船江段时，看见一名妇女跳入长江。眼看江水很快就要淹没那名妇女，钟志国和队友张永兴迅速游过去，两人分别抓住妇女的左右臂，一起游到岸边。可该妇女情绪激动，声称自己和家里人闹矛盾，仍要跳江。钟志国利用自己在医院工作中学到的专业知识对她进行安抚和心理疏导，把她当成自己的家人一样劝说，慢慢使这名妇女的情绪平静下来。为防止这名妇女再次寻短见，钟志国和队友虽然冷得瑟瑟发抖，但依然坚持坐在岸边陪着那名妇女，直到警察到来后才离开。

"在水中救人只是我的一种本能。"钟志国说。正是这种"本能"，让她舍己救人的形象更显高大。

（忠县文明办供稿）

致敬词

你是白衣天使，也是"水中飞鱼"，救人本能彰显无疆大爱。你两次挺身而出从长江中救起落水者，将救死扶伤的医者精神升华为舍己救人的高尚品格。

见义勇为

小传

蒲承祥，1965 年生，重庆市万州区人。热心"的哥"拾金不昧，将 7 万元现金一分不少地交还失主。

蒲承祥

2021 年 6 月 4 日上午 9 时许，蒲承祥驾驶出租车在万州牌楼街道未来城小区附近接到一对夫妻。女乘客因身体不适急着去医院，到达目的地后两人便匆匆下车。随后，蒲承祥驾车至路口等红绿灯时，发现后排座位上有一个鼓鼓的白色纸袋。他伸手拿过纸袋，打开一看，里面竟是厚厚的几沓现金。

蒲承祥顿时懵住了，面对这么多现金，他第一反应就是会不会是刚才两位乘客的看病钱？没有丝毫犹豫，蒲承祥立刻查看微信付款记录，但是一直没能联系上乘客。此时正值上班的早高峰，他第一时间向出租车公司报备情况，然后立刻赶去公司，将装有现金的纸袋上交，请公司保管并帮忙寻找失主。

经过多方寻找，蒲承祥终于联系上了失主陈先生。陈先生赶去出租车公司，顺利领回了丢失的 7 万元现金。事后，失主陈先生表示，这笔遗落在车上的钱是他做生意要交付的定金，若无法找回，将是一笔巨大的损失。幸运的是，他遇到了拾金不昧、诚实守信的好"的哥"蒲承祥。看着失而复得的巨款，陈先生激动地握着蒲承祥的手连声道谢。蒲承祥说："虽然这笔钱抵得上我开出租车两年的收入，但做人要讲诚信，不是自己的就不能昧着良心要。"

从事出租车驾驶工作 20 年来，"的哥"蒲承祥累计安全行车 150 多万公里，服务优质，"零"投诉。多年来，他的好人好事不计其数，拾到并归还乘客遗失的各种物品、现金累计价值 20 余万元，免费搭乘老弱病残乘客及爱心接送高考学生超 500 余人次。新冠肺炎疫情期间，蒲承祥还免费接送医务人员。在平凡的岗位上，蒲承祥用诚信和担当诠释了他自己的人生价值。

（万州区文明办供稿）

致敬词

一个人、一台车、一颗心、一路情。迎来送往 20 载，好事做了几车厢。你是拾金不昧的好"的哥"，更是诚实守信的代言人。

诚实守信

小传

高利华，1986年生，重庆市公安局两江新区分局礼嘉派出所民警、一级警长。社区居民临终托孤，历经9载坚守承诺照顾孤女。

高利华

　　多年前，礼嘉派出所辖区居民黄国全的妻子离家出走，留下了黄国全和女儿黄蓉相依为命。2012年，黄国全又不幸患上食道癌，身体每况愈下。弥留之际，他给礼嘉派出所民警打去电话，请求派出所照顾他年仅10岁的女儿。为了弥补女儿失去父亲的遗憾，他还让民警帮他特别录制了8段视频，从女儿11岁一直到18岁成年，希望女儿每年生日时，由民警把父亲的祝福放给她看，通过这种特殊方式陪伴孩子成长。当时高利华研究生毕业，刚分配到礼嘉派出所工作。得知这一情况后，她主动请缨承担照顾小黄蓉的任务，扛下了这一份沉甸甸的嘱托。

　　此后，就是长达9年的风雨陪伴。从生活照顾到功课辅导，从节日祝福到心理疏导，履行着当初派出所对黄国全许下的承诺。从11岁到18岁，黄蓉每一年的生日，高利华和派出所其他民警都陪伴着她，给她播放爸爸临终前录下的视频，记录她每一个成长的瞬间。2019年8月，黄蓉18岁生日，高利华提前两个月便开始筹备，为黄蓉准备了难忘的成人礼。

　　每年过年，高利华便邀请黄蓉到派出所与民警们一起包饺子，开开心心过春节。由于小黄蓉性格比较内向，话比较少，为了让小黄蓉打开心扉，高利华经常给她讲自己小时候的趣事，给她带家乡的特产，邀请她融入自己的家庭，和自己的女儿一起去游乐场玩，帮她补习功课……慢慢地，小黄蓉对高利华产生了信任和依赖，会主动分享自己生活、学习中的开心和烦恼。高利华每次都认真地聆听，和她一起聊家常、说爱好、谈未来。

　　从刚走出校园参加工作到为人之母，她与黄蓉一起成长。这9年里，高利华用心用情对待黄蓉，两人建立起了深厚感情，不是亲人胜似亲人。

（两江新区文明办供稿）

致敬词

　　一诺千金，你把信守承诺写进生命手册；坚守不易，你用行动践行了"人民公安为人民"的庄严承诺。以爱筑梦，涓涓细流汇成博爱大海。

诚实守信

小传　王迪，1983 年生，重庆市大渡口区新山村街道沪汉社区党委书记。坚持扎根基层，以党建引领社区治理，使老旧社区旧貌换新颜。

王 迪

2006 年 7 月，23 岁的年轻共产党员王迪参加大学生志愿服务西部计划，将基层作为筑梦的大舞台，并于次年当选为重庆市大渡口区新山村街道新一社区党委书记。

走马上任的王迪一来就遇到了一个大难题。居民大会上，100 多名群众因多年前的拆迁问题怨气很大，不少人对刚上任的王迪表现出不信任。解决问题的前提是了解问题。王迪每天都到居民家中访问，老党员、困难家庭、失独家庭……一个月下来，他收集到环境整治、老年人服务、拆迁政策等方面的问题共 92 个。

他动员社区党委委员、党员骨干出点子、想办法，引导居民参与社区治理，"环境整治队""惜福食堂"等系列活动——落地。他主导发起的"爱心行动"得到中央电视台采访，在 2016 年全国"两会"期间作为《走遍中国》栏目改版后的第一期节目进行了播出。

2017 年，王迪调入大渡口区新山村街道唯一一个老旧社区——沪汉社区。面对社区老、破、旧，党员群众满意度不高等问题，已有 11 年基层工作经验的王迪不再慌张。上任第一天，他就一个人把社区走了个遍。一个月后，王迪就"心中有数"了。他为社区制订了一个"三年计划"，根据党建引领社区治理的思路，以"家和沪汉·共圆梦想"为主题，构建起由民生服务团联系的、区内 19 家重点单位为成员的党建共同体，解决了延续近 20 年的烧烤摊噪声扰民、水果摊占道经营等问题。"三年计划"让沪汉社区"改头换面"，党员群众也对这个新来的书记给予高度评价，沪汉社区的民意调查满意度从全区倒数上升至前列。

2020 年初，新冠肺炎疫情突然来袭。王迪带领社区党员干部入户走访 2 万余户、近 5 万居民，做实基层防控，实现"不漏一户、不落一人"的社区排查全覆盖，用个人连续作战 100 天的艰辛换来了社区居民的安全。

（大渡口区文明办供稿）

---- 致敬词 ----

十四年扎根基层，你坚持党建引领社区治理，老旧社区改换新颜；至今仍初心不改，你实现"家和沪汉·共圆梦想"，担当映照街角院坝。

敬业奉献

小传

杨德群，1972 年生，重庆市沙坪坝区公安分局 110 快处三大队民警。用智用力办实事，用心用情解民忧，是民众心中最可靠的"老杨"。

杨德群

在沙坪坝区公安分局 110 快处有一位"老杨"，他是同事心中最可靠的"战友"，也是民众最信赖的治安"守护者"，他就是杨德群。杨德群 40 岁从部队转业成一名警察，为民服务的初心从未改变。多年来，杨德群始终严格要求自己，真心付出并对待每一名需要帮助的群众，始终抱着谦虚的心态向身边的先进典型和先进模范学习。

2020 年初，新冠肺炎疫情来势汹汹，杨德群主动向党组织递交"请战书"，毅然投身抗疫行动，积极参与治安巡逻管控，帮扶困难群众。他通过党组织、社区、红十字会等多种渠道多次捐款捐物支援抗疫，累计捐助金额达 5000 余元。8 月嘉陵江洪峰来临之时，杨德群不畏艰险，闻"汛"而动，全力以赴拼搏在防汛救灾第一线。洪水退却后，杨德群第一个来到土湾低洼地带，帮助数户灾民清理杂乱的家具家电，整修损毁的房屋，不言苦不喊累，体现了一名民警应有的责任与担当。

2021 年 4 月 18 日，在沙坪坝区牛津街小区，有住户报警称，有人正在车库盗窃摩托车电瓶。正在附近巡逻的杨德群随即联系报警人确认车库方位，3 分钟内赶到现场，精准定位到案发楼栋位置，将正欲逃跑的嫌疑男子控制，并移交辖区派出所处理。这起"最快的抓捕案"，被网友纷纷"点赞"，称 110 民警"神兵天降"。面对诸如此类的称赞，杨德群从未沾沾自喜，在他心中，维护好一方治安，守护好一方百姓，是他义不容辞的责任。

工作至今，杨德群共接处有效警情 5000 余起，调解邻里纠纷 1000 余起，疏导未成年人 100 余人次，寻回走失老人、儿童共 1100 余人次，抓捕违法犯罪嫌疑人 100 余人次，为群众挽回经济损失 500 余万元……杨德群在平凡的岗位上，不断践行"为人民服务"和永做人民"守护者"的从警誓言。

（沙坪坝区文明办供稿）

致敬词

处警情、战天灾、秉正义，人民的利益高于一切；为群众、为家庭、为社会，平安幸福是最高追求。你是不负一身警服的优秀民警，更是不负百姓所托的治安守护者。

敬业奉献

何晓梨，1982 年生，重庆市长寿区川维中学教师。13 年的运动生涯中，挥洒汗水，硕果累累，是学员们眼中的"柔道妈妈"。

小传

何晓梨

1997 年，何晓梨考入辽宁省技术运动学院，成为一名柔道专业运动员。在 13 年的运动生涯中，她挥洒汗水，勇结硕果，先后获得 2004 年全国柔道冠军赛冠军、2005 年亚洲柔道锦标赛铜牌、国家级运动健将等诸多荣誉。随着年龄的增长，何晓梨选择了退役，成为一名柔道教练。

学校柔道馆创建之初，场地设施并不完善，而且由于大众对柔道这项竞技体育不熟悉，练习柔道的学生很少，仅有 5 名学生参加柔道训练。然而，何晓梨没有放弃，她通过向学校争取改善教学硬件，向家长宣传练习柔道对孩子身心健康发展的益处，展示柔道竞技之美等办法扩大生源，何晓梨认为，比起发掘运动员苗子，培养青少年对竞技体育的兴趣更为重要，因此她放低柔道训练对身体资质要求的门槛，对愿意尝试柔道的孩子开放大门。学校柔道队的队员很快发展到 50 多人。队员增多后，面对"部分家长担心影响孩子学习"等问题，她主动和家长交流："柔道其实是一项讲礼仪的运动项目，既有竞技性又有教育性，可以培养孩子懂礼节，更可以培养他们不怕跌倒、不惧挫折的勇气……"何晓梨以一个北方姑娘的爽朗和真诚，赢得了孩子和家长的信任。

何晓梨把她所带的柔道队建设成了一个温馨和睦的"大家庭"。训练场上，她和学生是教练和队员；训练场下，她和学生是师生、朋友，更是家人。她总是利用课余和假期，不定期组织各类聚餐、包饺子、郊游、徒步等活动，增进大家的感情，增加队伍的凝聚力。如果发现哪个学生有所懈怠，她也不会当众责问，而是在训练后留下学生，单独交流沟通。

辛勤的付出终换来喜人的收获。柔道队建队 4 年来，何晓梨带着学生获得了骄人的成绩：在市级比赛中共获得 41 枚金牌，培养了国家一级运动员 10 人，为重庆市专业队输送队员 10 人。"路虽远，行则将至。事虽难，做则必成。"这是何晓梨的人生座右铭。

（长寿区文明办供稿）

致敬词

柔道赛场，飒爽干练的你是受人瞩目的体坛明星；三尺杏坛，和蔼可亲的你是 49 个孩子的"柔道妈妈"。沉甸甸的奖杯，是你拼搏的见证；孩子们的信任，是你为师的荣光！

敬业奉献

彭小兵，1968年生，重庆市武隆区凤山街道红豆社区总支书记。他作为退伍老兵扎根基层，将军人本色与志愿服务融入日常工作。

彭小兵

2019年，彭小兵来到红豆社区，当起了总支书记。红豆社区属于典型的老旧社区，没有物业管理，居民满意度低，上访问题多，工作难度很大。上任后，彭小兵便迅速投入社区6栋D级危房的排查工作，动员居民撤离危房，配合建设单位尽快完成改造工程。为全面提升社区居住的安全性和舒适性，他带领社区居民积极参与城市治理和文明城区创建活动，开展高危坡卫生清理工作，协调交警支队定点治理白笋溪街车辆乱停现象，全面整治辖区内2.8公里蜘蛛网般的通信、电力线路。建设中路69号有15户困难居民长期受到自来水水量不足问题的困扰，彭小兵主动协调自来水公司，免除初装费17000元解决了供水难题，让困难居民得到了真正的实惠。

2020年春节，新冠肺炎疫情突如其来，彭小兵立即带领社区全员投入战斗。他运用作战思维，绘制疫情防控"作战地图"，运用"对建设中路主干道东西阻击，白笋溪街南北夹攻"的战术，组建了一支由15名退役军人组成的巡查队伍，保证了疫情防控工作有序、有效地开展。社区居民都说，疫情来了我们不怕，因为"小兵"是我们的"守护神"。其间，彭小兵患上严重的尿路结石，7次住院、5次手术。但每次做完手术伤口还没有愈合，他就又忍着疼、揣上药，奔赴抗疫一线。

彭小兵还一直热衷于公益事业。2019年以来，他先后组建了3支以退役军人为骨干和主体的志愿服务队伍，积极参与法律普及、医养服务、护渔护林等志愿服务。彭小兵始终牢记"我是一个兵，退伍不褪色"的光荣传统。对党和人民赤胆忠诚，他冲锋在前；为居民服务，他永远在路上……

（武隆区文明办供稿）

致敬词

扎根基层爱岗敬业显担当，热心公益服务人民铸军魂。你的名字，就是百姓的"护身符"；你的行动，带来群众的好生活。

敬业奉献

重庆好人传 / 2021 年

82

小传

　　黄永建，1974 年生，重庆市城口县明中乡云燕村 1 社村民。以山为伴，以树为友，守护着近千亩的管护林地。

黄永建

　　2017 年，云燕村招募生态护林员，黄永建主动到村委办公室提交了申请书，当上了生态护林员。担任生态护林员后，黄永建每天从林子东边上山种中药材，回家时再从林子西边下山，来回近 10 公里山路。这样他就能把整座山的林子都巡视一遍。

　　刚接触护林工作时，黄永建对林业方面的政策法规不是很了解，对自己的管护职责也不太清楚，他就经常到乡农业农村办公室向工作人员咨询、请教。每次参加生态护林员培训会，他都仔细地记录培训的内容。巡山时，他会随身携带一个小本子，记录下地灾点的变化、存在的风险点等细节。近千亩的管护林地，他几乎每天都会巡查一圈。森林防火重点时期和汛期，他一天会跑两三趟。

　　2020 年 7 月 15 日，明中乡遭遇持续 4 个小时的大暴雨袭击，短时间累计降雨量超过 100 毫米。山洪暴发、泥石流急涌、山体塌方，导致境内交通全面中断，电力、通信、饮水全面瘫痪，基础设施严重损毁，群众财产损失严重。黄永建家离河流较近，家中也受损严重，底层房屋和堆放的农作物都被洪水全部卷走。黄永建将自家的受损情况搁置一边，随即加入巡查山林、统计受损林木情况的行动。他向乡林业站汇报情况，并及时采取措施进行补救，将山林损毁程度降到了最低。

　　明中乡生态环境优越，山林里时常会有野禽出没，一些农户便会上山布网设陷井，捕猎这些野禽。黄永建每次遇到这些捕猎设备都会及时拆除，并做好相关记录。在一次巡山途中，黄永建遇到一只脚部受伤的小鹿。他把小鹿带回了家，给它的脚伤做了包扎，并兑奶粉给小鹿喝。小鹿像是把黄永建当作了恩人，亲昵地舔舐黄永建抚摸它的手。村民们看到正在给小鹿喂奶的黄永建，调侃道："老黄，你巡山还带回一个'小儿子'呢！"黄永建说："是啊，我就是这片山的父亲。"

（城口县文明办供稿）

—— 致敬词 ——

　　春去秋来，寒冬烈日，你执着坚守，为山林生灵默默奉献；以山为家，以林为伴，你尽心尽责为美丽生态保驾护航。你是大山的儿子，是绿色的守护者。

敬业奉献

小传

贺晓宁，1975 年生，重庆摩方精密科技有限公司董事长、联合创始人。面对国外在精密制造方面的技术垄断，带领团队攻坚克难，突破垄断，助力重庆自主创新之路越走越宽。

贺晓宁

在全球范围内，微纳尺度 3D 打印技术长期都是一片"处女地"。2008 年，贺晓宁毅然放弃国外的优厚待遇，选择回国创业。他的梦想，就是要将精密 3D 打印核心技术牢牢掌握在中国人手中。

创业的艰难可想而知。为了实现自主研发，贺晓宁四处网罗人才，花了近三年时间完善打印工艺和过程控制的摸索。带领团队一路克服技术、资本和人员的多重困难，坚守初心走完全自主化研发道路。自主完成设备的光路和硬件设计及加工，自建 IT 团队编写系统软件程序，围绕超高精密 3D 打印系统的核心业务建立较为完整的生态链。时至今日，打印材料都是摩方精密的一项"杀手锏"。即使将设施设备卖给国外的企业、院校，并配备技术人员提供充分的技术支持，仍然需要摩方精密的帮助才能打印。而这一切背后的艰辛，只有贺晓宁和他的团队才知道。

在中美科技竞争中，美国安图通过限制十四类尖端技术出口来阻碍中国发展，而其中摩方精密 3D 打印技术为我国自主研发，使美国的技术垄断未能"得逞"。

贺晓宁带领摩方精密不断提升中国的微型精密功能器件制造水平，努力实现全产业链本土化发展，为重庆高端装备、生物医药等先进制造产业赋能。他还通过引进外国技术及海外优质人才，成立了合资企业重庆凌越光电科技有限公司，契合国家下一代 5G 通信的战略发展方向，打破国外技术垄断，解决产业链对国外厂家的严重依赖局面，掌握了光通信核心元器件的关键技术，完全替代进口，解决了我国在光通信领域的"卡脖子"问题。

（两江新区文明办供稿）

致敬词

坚守初心、攻坚克难，你在自主研发的路上绽放光芒；锐意进取，潜心钻研，你以匠人之心增添大国底色。

敬业奉献

小传

娄必琳，1949 年生，重庆市南川区东城街道居民。四十四年如一日照顾重度脑瘫的儿子，用母爱助儿子创造生命的"奇迹"。

娄必琳

1976 年 3 月，娄必琳诞下二儿子张勇，母子平安的喜悦还未延续几日，就发现儿子总睁不开双眼，整个人软趴趴的。经医生诊断，张勇患有重度脑瘫。伤痛过后，娄必琳决心照顾好儿子，她相信母爱可以创造奇迹。1987 年，娄必琳的丈夫因脑溢血去世，她成了家里的顶梁柱，独自带着 3 个儿女生活。虽然日子过得拮据，吃的是卖剩下的菜，穿的是别人不要的旧衣服，但她从未想过要放弃患有重度脑瘫的儿子。

为了更好地照顾儿子，娄必琳放弃了外出工作的机会，向亲戚朋友租借了一些地种菜，靠卖菜补贴家用。每天天不亮，她就挑着菜去街上卖，要是卖完时间还早就下地干活。虽然她经常因为太忙而忘了吃饭，但对儿子每天饮食起居的照顾却从未落下。即便后来娄必琳被确诊患有冠心病，需要住院治疗，因放心不下儿子，她迟迟不去办理住院手续。直到外孙答应她每天去照顾舅舅，娄必琳才同意住院。可病情稍微好转一点，她就出院了。娄必琳为儿子买了一本《辞海》，在她的悉心指导下，儿子不仅学会了识字，还学会了遣词造句和写作，并获得了南川区残联 3000 元的稿费和奖金。

2020 年，医生为张勇检查后，认为他的病情有继续好转的可能。这给娄必琳的生活带来了更大的希望。"妈妈，我多希望有一天，我能奇迹般地站起来，到那时候，我要为你做一次饭、带你逛一次街、陪你坐一次高铁……"这是张勇写给母亲的信，也是娄必琳几十年如一日为儿子付出结出的最香甜的果实。

（南川区文明办供稿）

致敬词

面对患病的儿子，你将涓涓母爱化为坚强与动力；面对生活的不幸，你用点滴真情传递光明和希望。你是勇敢的母亲，更是坚毅的天使。

孝老爱亲

小传　　　陈宜琼，1975 年生，重庆市奉节县红土乡九台村村民。不离不弃照顾瘫痪的丈夫，坚韧地挑起生活重担，书写了一段新时代的"文明家庭"佳话。

陈宜琼

2004 年的一天，陈宜琼的丈夫邹隆全在深圳务工时被意外掉落的设备砸中脊柱，被送往龙华医院抢救。医生告诉匆匆赶到的陈宜琼，她的丈夫很可能会瘫痪。一瞬间，陈宜琼感觉天塌下来了，但想到年迈的母亲、年幼的儿子和正在治疗的丈夫，无助又柔弱的她瞬间清醒——她现在是全家的希望，绝不能倒下！

为减少在医院的开支，陈宜琼积极学习护理技术，自己给丈夫做护理。在她的细致照料和医护人员的努力下，经过 7 个月的治疗，丈夫病情稳定下来。不幸的是，他胸部以下全部瘫痪，再也不能自己行走。治疗结束后，他们一起返回了奉节。当时，不少村民都替陈宜琼捏了一把汗：这么年轻的女子，面对这么个家庭，怎么办呢？要知道，当时她只有 29 岁。丈夫的兄弟怕陈宜琼带着家里的"财产"跑了，甚至来到她家里，把仅剩的几百元钱和一头猪"接管"了。

面对村民的担忧和夫家人的不信任，陈宜琼没有多余的解释，只是默默做自己的事。每天清晨，人们还在睡梦中，她就已经忙活开了：种菜、栽秧、挖洋芋、喂猪……所有的农活，她一样都没有落下。忙完这些，她又赶去伺候丈夫起床，为一家人做早饭，为丈夫按摩双腿，给他讲一些邻里趣事，分享自家庄稼长势情况，宽慰丈夫的心，让他感受到生活的美好。后来婆婆中风，陈宜琼也悉心照料。有村民生病无法下床，她又前去帮忙挑水种地……在村里的新时代文明实践积分银行中，她的分数一直保持第一名。

现在，丈夫邹隆全能依靠轮椅自由行走，儿子已经大学毕业参加工作，婆婆的起居也收拾得井井有条。谈起她时，大家都说"真的能干，很吃得苦，她是邻里公认的好妻子、好母亲、好媳妇、好邻居"。陈宜琼十几年如一日地照顾这个家，唯一变化的，是她已经微微弯曲的背脊。

（奉节县文明办供稿）

致敬词

你用人间的大爱，诠释着生活中舍与得的真谛；你用人间的至善，昭示着超越平凡的勇气。没有海枯石烂的爱情誓言，你却用柔弱的双肩扛起家庭的重担！

孝老
爱亲

黄国富，1970年生，重庆市九龙坡区美术家协会理事。从小失去双臂，靠口、足练就一身绘画本领，撑起整个家庭，并无偿教授残疾人绘画，帮他们重拾生活的信心。

黄国富

1974年，上天给年仅4岁的黄国富开了一个无情的"玩笑"。那天他遇到一只漂亮的红色小鸟，他在后面笑着追逐，却不料小鸟将他引向了打米站的电源。从此，他失去双臂，直到12岁才入学读书。

一次偶然的机会，黄国富接触到了绘画，与别人不同的是，他是用脚作画。18岁那年，他拜四川美术学院教授白德松为师，但父亲得重病给心中充满无限畅想的他又一次深重的打击。身为长子的黄国富深知，他必须撑起濒临破碎的家庭。为了供弟妹上学，他外出摆摊卖画。他主动拒绝了低保，邻居都说他"傻"，而黄国富却说："上天只要了我的手，没收我的命，那一定有我的用处。"黄国富靠着摆摊卖画跑遍了全国。每到一处地方，黄国富就寻访当地的名画家请教取经。2001年，成家后的黄国富决定去画廊求职。凭借着对绘画的热爱和19年不间断作画累积的功底，他顺利进入三峡风光艺术展览馆，成为了一名画师。展览馆主要接待外国游客，黄国富发现他们对彩色画的兴趣远大于黑白画，他便在现场画起彩色水墨画，吸引了众多外国游客。现场作画当天，他便卖出20幅画，共计5000余元。到2002年，黄国富的年收入已经稳定在17万元左右。

宝剑锋从磨砺出，梅花香自苦寒来。黄国富的绘画作品屡获大奖。2018年，黄国富在九龙坡区奥体社区成立自己的工作室，成为一名独立职业画家。2020年，重庆市人力社保局、市残联授予他"重庆市自强模范"称号。但黄国富并没有停下脚步，而是继续学习深造，提高自己的绘画水平。他报名参加全国各地的残疾人才艺大赛，还接受华岩寺奇人奇才艺术馆的邀请，成为该馆的画师。他的学生也遍布全国，遇到残疾的学生，他还免费教授其绘画技艺。他说："希望更多残疾朋友能有尊严地活着。"

（九龙坡区文明办供稿）

致敬词

水墨丹青，绘不尽你自强不息的人生华章；生花妙笔，书不完你感人肺腑的大爱情怀。你用行动诠释了"天行健，君子以自强不息"的最美内涵！

自强不息

小传　王传权，1975 年生，梁平区屏锦镇腰塘村一组村民。一出生就没有双手，只有一只脚，以异于常人的毅力养活一家老小，诠释了生命的坚强和不屈。

王传权

王传权一出生就没有双手，而且只有一只脚。身体残缺的他却始终以乐观向上的人生态度过好每一天。王传权十四五岁时，师从梁平当地的书画家詹孝善学书画，开始练习用脚写字、绘画。通过 5 年苦练，他已写得一笔好字，油画和山水画水平也不凡。父母帮王传权在屏锦镇上开了家书画店，卖他用脚书写的对联或绘画作品。王传权十分高兴："我终于可以自食其力了。"但是无奈书画店门可罗雀，只有春节期间生意稍好一些。23 岁的王传权想尝试更多的可能性，便跟着叔叔踏上了外出打工之路。

在打工路上，王传权认识了双目失明的刘朝美。二人有着相似的命运，格外惺惺相惜，也决定相互扶持，共度人生。婚后，夫妻俩靠露天唱歌赚钱。除西藏、新疆外，他们走遍了全国。就这样，他们不但养活了两个女儿、赡养了父母，还改建了新房。腰塘村的村民都说，王传权夫妻尽管身体残疾，但他们用歌声"唱出了脱贫路""唱出了好日子"。

王传权的父母年近七旬，长期饱受病痛折磨。王传权和刘朝美相互配合着照顾父母，你当我的眼，我当你的手，为一家人做饭、洗衣服。如今，夫妻俩的女儿一个正在读大学，一个已经工作，两个女儿都积极向上、乐观阳光。除了养育自己的孩子，在单身的幺叔去世后，王传权夫妻俩主动接过其 8 岁的养女到家中抚养。如今，堂妹已经完成大学学业，在重庆主城一家公立幼儿园上班。王传权很开心，他说那种幸福的感觉只有自己知道。

在邻居们印象中，王传权夫妻俩的脸上总是笑盈盈的。在王传权看来，只有乐观地面对生活，阳光、幸福、感恩地生活，日子才会越过越好。

（梁平区文明办供稿）

致敬词

抚平生命的苦难，不畏命运的坎坷。你如一朵盛放的太阳花，温暖且有力量地生长着，以自强不息奏响生命的最强音。

自强不息

李子坝轻轨穿楼 / 张坤琨

九月・十月

田桂兰

　　2006年，大渡口沪汉社区建立了以手工编织为主要方式、以工代疗为目的社区残疾人工疗站。刚退休的田桂兰得知情况后，主动承担起了服务残疾人的工作，决心帮助他们过上和正常人一样的生活。什么样的手工活动会受到这群特殊学员的喜爱呢？田桂兰在网上查阅了大量的资料，并来到每位学员家中，面对面地与学员及其家属沟通，最终选定"串珠"项目。

　　面对陌生的"串珠"活动，学员们做起来有些吃力，即使是最简单的"直串"，也必须手把手地教，并进行千百次的练习。田桂兰总会小心翼翼地守护学员的自尊心，一次又一次从零开始悉心教授。15年来，共有2000多名残疾人及其家人参与到手编教学中来，在田桂兰的教学下，学员们成功编织了"不忘初心、牢记使命""光辉百年路，奋进新征程"等串珠作品，以及大桥、花瓶、自行车等手工作品1100余件。田桂兰看着这一件件来之不易的手工作品，感到莫大地欣慰。也许上天对这些残疾学员们关上了一扇窗，但田桂兰的鼓励与帮助为他们打开了一扇门。

　　在串珠教学之余，田桂兰还牵头成立了助残志愿服务队，引导残疾学员参与公益演出和义卖活动，增强学员们的自信心。15年来，田桂兰每周二、四下午雷打不动地按时"上班"，节假日带着大家一起旅行、做志愿活动。这些活动就像打开残疾学员心门的"钥匙"，他们更加开朗，更加愿意与他人进行交流，生活越来越充实，个人能力也在这些活动过程中得到了大大的提升，学员们都收获了满满的幸福感。

　　田桂兰说："让他们自信、自立、自强，创造机会让他们上台表演、锻炼胆量、展现自我，才能让他们真正得到社会认可。同时，我也呼吁大家去理解他们，把歧视变为关怀，希望能通过小小的我，提高身边人对残疾人群的社会认同度。"

（大渡口区文明办供稿）

------ 致敬词 ------

　　手牵手，乐善好施；心贴心，与人为善。一针一线"编织"新世界，一言一语温暖孤寂心。你用满腔热情点燃希望之火，用无私善举践行好人大爱。

助人为乐

小传

刘芹佛，1979 年生，重庆市綦江区东溪镇高新书店个体经营户。坚持发展乡村文化事业，开展送书下乡、版画下乡活动，关心乡村儿童成长。

刘芹佛

1998 年，刘芹佛加入中国人民解放军海军，成为一名中国军人。他在军营内奉献青春和热血，光荣完成了军人的使命。退伍回到家乡后，他为发展本地文化事业尽心尽力，奋斗在乡村公益事业第一线。

2002 年，刘芹佛加盟重庆市新华书店，创办高新书店和红豆书屋。2016 年，他又创办电子教育实体店。刘芹佛坚信，阅读，是让孩子一生受用的好习惯。他将书店打造为青少年的课外成长天地，孩子们不仅可以在其中阅读，还能开展棋类及手工 DIY 等益智活动。看着孩子们的笑脸，刘芹佛突然想到了乡村的孩子们。人们都说，知识是改变命运的力量，书籍是打开幸福之门的钥匙。刘芹佛热切地想把书籍送到山里，送到乡村的孩子们手上。经过不懈努力，2016 年，他争取到綦江步步高家教机业务员专车送书下乡的支持，为柴坝小学、丁山中学等学校的 5000 余名学子送去书籍。

东溪镇是劳务输出大镇，已为人父的刘芹佛敏锐察觉到留守儿童的孤独，并希望为他们带去陪伴与慰藉。2017 年初，刘芹佛在镇政府支持下创办东溪镇农民版画合作社，借助这个平台，他在镇内 7 个村居持续开展"版画下乡活动"，为 100 余名留守儿童提供假期服务至今。创建乡村版画工作室遇到诸多困难，但他没有丝毫地犹豫和退缩，心中只有一个念头：让农村孩子在没有爸爸妈妈陪伴的时候，有书籍、艺术的陪伴，有充实、阳光的内心世界，他再苦再累也得干。

（綦江区文明办供稿）

致敬词

平凡铸就伟大，点滴凝汇光芒。坚守让书香更浓，大爱让古镇更美。你生动诠释军人退伍不褪色的高尚品格，践行全心全意为人民服务的诺言。

助人为乐

罗光碧，1962年生，曾经重庆市武隆区大洞河乡红宝村党支部书记。全心全意为人民服务30余年，为红宝村教学事业发展、困难群众生活条件改善捐资出力，疫情期间义务为村民采买生活、防疫物资，是村民心中的热心肠、好大姐。

罗光碧

今年59岁的罗光碧，已经在基层为乡亲邻里服务了30多年。几十年来，不管她的职务怎么变化，始终如一的是她的一副热心肠。在红宝村，小到解决邻里纠纷、大到决策村里的重大事项，哪里有需要，哪里就会出现她的身影。

为了解决群众的交通难题，罗光碧带领村民义务投入劳动力，先后修建了3条村社公路，维修了腰站铁索桥。在她的带领下，6个村民小组的人畜饮水问题也得以解决。虽然微微发胖的身体使她走起路来有些吃力，但她总是习惯早出晚归，走村串户为群众服务。她说："为了群众的利益，再苦再累也值得。"

2020年初，新冠肺炎疫情形势严峻，罗光碧主动请缨，积极参与大洞河乡红宝村的疫情防控工作。她家当时住在大洞河乡河场镇，距红宝村疫情防控劝返点有15公里的路程。她每天开着自己的私车往返在家与疫情防控劝返点之间，油费、伙食费都是自己私人承担，从未向组织提过条件。为了保证返乡村民少出门，安心居家，她无偿帮助村民代购生活所需物资。大到一袋大米，小到一块肥皂，只要群众有要求，她都利用晚上回家的时间，在场镇购买后送到群众家中。她自费5000元购买口罩，免费发放给红宝村群众，缓解了偏远山区群众"一罩难求"的局面。

多年来，热心的罗光碧做的好事多不胜数。为了助力大洞河乡教育事业发展，她曾捐资一万余元改善学校教学条件。此外，像帮助孤寡老人、困难户、贫困党员的事就更多了，但她从不觉得自己做出了多大贡献。因为爱岗敬业，热心帮助乡亲们，她本人多次受到表彰。但是对她而言，荣获的众多荣誉更是鞭策自己的动力，让她时刻提醒自己更加尽职尽责，为振兴红宝、繁荣红宝做出更多贡献。

（武隆区文明办供稿）

致敬词

修铁桥通公路，带动群众脱贫致富功劳不小；战疫情送物资，保护村民身体健康付出很多。

助人为乐

小传

　　杨明国，1970年生，重庆市忠县涂井乡卫生院龙滩卫生站门诊部主任。和素昧平生的老人"认亲"，陪伴"妈妈"安度幸福晚年。

杨明国

　　杨明国当了30年的乡村医生，医术精湛，乐善好施。他曾不顾个人安危，背过数千人过河就医；他家境并不富裕，却给贫困病人送去4万余元医药费。2021年4月，他又将在外颠沛流离近20年、与自己非亲非故的七旬老人杨云梅认作妈妈，为她养老，照顾她的生活起居。

　　杨明国"认亲"的事，还得从2021年4月14日说起。那天，一大早就在涂井乡卫生院龙滩卫生站忙活的乡村医生杨明国，接到了该乡长溪村党支部书记秦家权的电话，说有一名老人急需救治。杨明国立即着手准备医疗器械。没过多久，老人被送到了卫生站，杨明国马上对老人进行了全面检查，发现老人右腿有脓疮，导致她不能行走。老人没有身份证、户口簿、医保卡等证件，无法办理入院手续，可她的病情不能耽搁。于是，杨明国果断决定，先以门诊形式把老人安顿下来，对老人腿部脓疮进行了紧急处理。

　　原来当天杨明国诊治的，是由广东民政部门送回乡里的一位孤寡老人。经确认，老人名叫杨云梅，是涂井乡长溪村一组人，在外颠沛流离整整19年，居无定所。如今回来，老家早已物是人非。杨明国深觉老人可怜，虽然自己家里也并不宽裕，还有80高龄的父母和上初中的儿子需要照顾，但他还是主动主动请缨照顾杨云梅老人。

　　一个多星期时间里，杨明国既当医生又当护工，老人行走不便时，他就是老人的拐杖；老人食物不足时，他就为老人送饭端水；老人乏味孤独时，他就陪老人聊天解闷……在杨明国的精心医治和呵护下，老人的病情逐渐转好，右腿总算保住了。目前，涂井乡政府已安排专人按相关政策解决杨云梅老人的户籍问题，接下来将全力争取落实老人的医保、低保，让老人安度晚年。

（忠县文明办供稿）

致敬词

　　把信仰融入职业，乡村医生奉献至诚；用爱心浇筑生活，七旬老人安享晚年。你用实际行动诠释医者仁心，引领新时代道德风尚。

助人为乐

王静波

　　冬泳，是王静波酷爱的运动。但他从没想到有一天，自己长期坚持冬泳而练就的"本领"竟派上了大用场——挽救了一条鲜活的生命。

　　2021年2月27日下午5时刚过，从事保险业务的王静波像往常一样，利用轮休的时间在火锅店里帮忙。此时，突然听到周边群众呼喊，说濑溪河滨河公园有人落水，王静波立刻放下手中工作，直奔河边。

　　该河段宽10余米，水深达三四米，又正是春寒料峭、寒风刺骨的季节。作为冬泳爱好者，王静波深知，河水的冰冷程度不是普通人承受得了的，就连他自己也需要在每次冬泳前做好充分的准备活动。否则，贸然入水，轻则出现头晕、恶心、手脚麻木、肌肉抽筋等不良反应，严重的甚至可能溺水身亡。但是王静波也明白，此时时间就是生命。落水最怕失温，人一旦进入失温状态，很快会因为意识不清而沉底，而一旦沉底，往往就凶多吉少了。想到这，他便迅速脱掉外衣，纵身一跃，"扑通"一声跳进了濑溪河里。

　　此时，公园里游人不少。其他人也都在积极地出主意、想办法。有人在寻找竹竿，有人及时扔下了救生圈……这些都为王静波提供了动力。他拼尽全力，迅速地找到落水者，抓住落水者的胳膊，努力把她推到了岸边。岸上的热心群众马上接力救援，成功将落水者救上了岸。而此时的王静波已力气全失，累得瘫坐在一旁，彻骨的寒风将他吹得脸色发白、瑟瑟发抖……

　　幸运的是，由于王静波和岸上群众及时施救，落水的小女孩得以转危为安。"平安了！""没事了！""小孩救回来了！"河岸响起群众惊喜的"报安"声。王静波默默离开了喧闹的濑溪河岸。王静波跳水救人的视频随后在大足区流传开来，人们纷纷称赞王静波的英勇行为"感动了一座城"。

（大足区文明办供稿）

致敬词

　　世上没有从天而降的英雄，只有挺身而出的凡人。危急时刻，你奋不顾身舍己救人，以平凡之举铸就了不平凡的大爱精神！

见义勇为

李陵川

2021 年 6 月 17 日，李陵川像往常一样来到乌江东路准备游泳。天空突然下起了蒙蒙细雨。李陵川正在犹豫要不要下水游泳时，发现水中好像有人。这样特殊的天气，水里的人却没有上岸的迹象，且随着水流起起伏伏。李陵川开始警觉起来。

"不对，会不会是落水了！"李陵川一下子醒悟过来，随后立即朝落水者的方向奔跑过去。李陵川跑近一看，发现在水中挣扎的原来是个年轻人，而且已经体力不支开始往下沉了。情况危急，李陵川毫不犹豫地纵身跳进水中，使劲向落水男子的方向游去。游到男子身旁的时候，李陵川发现他已经意识模糊，双手停止了乱抓。"兄弟，你别怕！兄弟，你别怕！"李陵川一边安抚着男子，一边拖着男子往岸边游。"那段江流是逆流，我拖着他往岸边游，江水把我们往江心推。一只手拖着个比我重几十斤的大男人游泳确实有点吃不消。"李陵川回忆道。他一边游着，一边呼叫岸上的人拨打 120 急救电话。

李陵川拖着男子吃力地游了近 70 米后，终于把男子带到了岸边。岸边的人也前来帮忙，此时的李陵川已经筋疲力尽。来不及休息，他立即给陷入昏迷的男子做心肺复苏。"一二、一二……"终于在他实施了两轮心肺复苏动作后，男子醒了过来。已经累到脱力的李陵川瘫坐在地上，双手不停地颤抖。看着救护车把人带走，李陵川才松了一口气："人救回来了就好！"落水男子身休恢复后，立即联系上了李陵川夫妇。"救命之恩，终生难忘。"看到李陵川夫妇，落水男子感激地说。两人互换了联系方式，被救者表示以后自己多了一个异姓兄弟，会永远记得这个萍水相逢的恩人。

当有人问起李陵川救人时害不害怕时，他说："当时救人的时候什么都没想，直接就跳下去了，现在想想还是有点后怕，毕竟自己也有家庭。不过下次碰到有人落水，我还是会去救人的。"

（彭水县文明办供稿）

——— 致敬词 ———

有一种勇敢，叫义无反顾；有一种情怀，叫只求心安。纵身一跃，你将安危置之度外；奋力营救，你的红心闪闪发亮。

见义勇为

小传　　魏纯洋，1989 年生，重庆市潼南区寿桥镇人民政府综合执法大队负责人。奋不顾身跳入冰冷河水，救起落水的老人。

魏纯洋

　　2021 年 3 月 4 日上午 9 时许，魏纯洋正带队在寿桥镇正街巡逻，维护秩序，突然接到电话："桥头有人掉水里了，赶紧过去！"没来得及多想，魏纯洋及吕家宇、蒋思源 3 名同志迅速赶到现场。当时情况十分危急，只见一名老人正在水中艰难地挣扎，围观的群众都在叫"快一点，快一点，有人掉水里了！"

　　老人落水处位于河边斜坡下方，坡度很高。紧急情况下，魏纯洋纵身从 5 米高的斜坡跳入 4 米多深的河水中。他奋力游到老人身边，右手抓住岸边的一根竹竿，左手紧紧抓住老人。在岸上同事及群众的配合下，他多次尝试将老人拉上岸，但因为老人身上的羽绒服吸水太重而失败。同事又在旁边居民家中找来长麻绳抛到水中，魏纯洋将绳子系在老人的身上，众人合力将老人拉上岸，并将他送往镇卫生院救治。"老人成功获救，群众的称赞和竖起的大拇指，驱散了河水刺骨的寒意，心里暖暖的。"回忆起当天的救援经过，魏纯洋显得十分开心与满足。

　　魏纯洋是一名退伍转业军人，日常工作中接触最多的就是镇街的商户和百姓。为群众办实事，解决各类纠纷，群众的每一件小事他都认真对待，公平公正，耐心细致。他在关键时刻挺身而出，很好地诠释了退伍不褪色的军人作风和全心全意为人民服务的党员情怀。

（潼南区文明办供稿）

致敬词

　　你在危险面前大义凛然、迎难而上、义无反顾，守护群众的平安；你在责任面前毫不退缩、甘于吃苦、勇于奉献，体现了共产党员的情怀和责任！

见义勇为

任泽林，1957 年生，重庆市渝北区人。在农贸市场巡逻时发现近 40 万元现金，赶紧报警将其物归原主。

任泽林

2021 年 6 月 15 日清晨，在渝北区双龙湖街道龙祥街社区寰泰农贸市场担任保安的任泽林和平常一样，对市场进行日常巡逻。当走到市场后门的一个鸡笼处，他发现有两只鸡正使劲刨着一包鼓起的口袋。热心的任泽林以为是市场内商户扔的垃圾，准备上前将其清理掉，可打开一看，却是满满一口袋的百元大钞。

看着一口袋现钱，任泽林第一反应就是赶紧找到失主。于是，他拨打了报警电话。

没多久，双龙湖派出所民警就赶到现场。任泽林赶紧将抱着的钱袋交给了民警，并详细讲述了事情的经过。但由于钱袋遗落处并无监控，现场情况又比较复杂。为安全起见，民警和任泽林便抱着这袋钱一起回到派出所。在任泽林的见证下，民警清点现金共计 397400 元。听到这个数字，任泽林倒吸了一口冷气，"这差不多是我七八年工资的总和！"任泽林心里暗暗想到，无论如何一定要物归原主。为尽快找到失主，双龙湖派出所立即展开调查工作，通过调取监控、现场走访，初步确定了丢失现金的人为李女士（化名）。李女士在丢钱以后焦急万分，也来到双龙派出所寻求帮助，恰好碰上正在寻找她的民警。"我以为这钱再也找不到了，没想到竟然一分不少地回来了，这个社会还是好人多！"拿到钱的李女士激动不已。

事后，有人质疑任泽林，"面对那么大一笔钱，你就没有动心吗？""那里又没有监控，拿了也没人知道。"……面对这些纷杂的声音，任泽林一笑置之。在他看来，不是自己的东西不能要，只有凭自己双手挣的钱，才能拿得心安理得、问心无愧。也因为这件事，农贸市场附近的商贩和街邻都更加从心底敬佩任泽林，尊称他为"任老大"。如今，要是来到这个市场，许多人都会为你讲起"任老大"拾金不昧的暖心故事。

（渝北区文明办供稿）

致敬词

言忠信，行笃敬。你诚实做人，诚心做事，面对金钱出的一道"良心考题"，你用道义与诚信书写了完美答卷。

诚实守信

小传　　　　倪尔强，1968 年生，重庆市万盛经开区万盛街道万北二社区巡逻员。除夕之夜捡到装有一万余元现金的钱包，在寒风中原地等待失主并归还。

倪尔强

2021 年 2 月 11 日除夕夜的凌晨 1 点左右，刚完成当天巡逻任务的倪尔强和妻子走在回家的路上，无意中发现路边躺着一个鼓鼓的钱包，里面装有 4 个红包和一叠厚厚的现金，共计人民币一万余元，还有一个手机和蓝牙耳机。由于失主钱包里没有任何证件，手机也上了锁无法解开，联系不到失主。倪尔强想，在这万家团圆的日子，失主不知有多着急。他和妻子立马达成共识：我们就在原地等等，万一失主发现钱包不见了回来寻找呢。

凌晨的气温很低，寒风刺骨，夫妻俩顾不得一天巡逻的疲惫，坚持在原地等候失主。大约过了 20 分钟，一个 20 多岁的姑娘迎面走来。姑娘看似有些着急，在地上东找西看。倪大哥立即上前询问："小姑娘，这大晚上的，你在找什么？"小姑娘哽咽地说："我的钱包掉了，里面有一万余元钱，是我今年打工的积蓄。我还给家人包了红包，本想回家孝敬孝敬父母的，结果给丢了。"倪尔强一听，立即表明自己刚捡到一个钱包，但不知是不是她的。倪尔强让姑娘详细说明钱包里的物件，姑娘欣喜若狂，一一说出钱包里的物品。倪尔强心想说出钱包里的东西也不一定是失主。他灵机一动，说道："你的手机是指纹解锁还是密码解锁？"姑娘连声说："指纹解锁，我可以马上试给你看。"手机解锁了，倪尔强看着手机的亮光，如释重负。倪尔强把钱包归还给失主，并嘱咐姑娘以后要看好随身物品。姑娘激动得热泪盈眶，连声道谢，并要掏出现金酬谢，但被倪尔强婉言拒绝。

担任社区巡逻员这么多年，倪尔强经常会捡到手机、身份证、银行卡等各类物品。他根据具体情况具体分析，有直接联系失主的、有交居委会办公室处理的、有交派出所的，大多数失物都返还给了失主，没找到失主的失物他也做好登记，以防失主回头寻找。

（万盛经开区文明办供稿）

致敬词

诚实守信

除夕之夜的寒风，吹不冷你诚信做人的热心。你用无数次的守信行为，践行新时代的道德准则，成为平凡日子里闪闪发光的不平凡人。

小传

程飞，1989年生，重庆市万州区人。出警途中不顾自身安危救出身陷泥潭的女孩，以实际行动诠释了一名公安民警的忠诚和担当。

程 飞

2021年6月10日20时33分，万州区红光派出所值班室响起了一阵急促的电话铃声。电话那头报警称，一名幼童陷入万安桥下江边的淤泥中，请赶紧救援。

接警后，值班民警程飞立即携带防暴棍、绳索等救援装备，带领辅警飞速赶往现场救援。来到和平广场附近万安桥下，天色已晚，借着桥上的灯光，程飞看到前方的江滩上，一个小女孩大半个身子陷入泥潭，正在挣扎并大声啼哭。程飞深知，当下正值长江退水期，江边的滩涂上尽是淤泥，最深处有1米多，大人陷进去都十分危险，更别说一个几岁的孩子！

情形危急，不容多想。程飞抓起防暴棍奔向江滩，朝着小女孩的方向赶过去。可越前行，脚下的淤泥越发松软，腿越陷越深。这样下去不但救不了孩子，自己也会陷在这儿，该怎么办？程飞想着，便不顾江滩脏污，迅速趴倒在滩涂上，向着小女孩的方向快速匍匐前进。来到小女孩身边后，程飞一边安抚她，一边以防爆棍作为支点，徒手挖开她身边的淤泥，最终顺利将她从泥潭里拉了出来，随后带着小女孩一起向着岸边匍匐前进。前后历时近半小时，小女孩终于被程飞成功救出。

自参加工作以来，程飞先后破获刑事案件80余起，打击犯罪分子60余人，守护着辖区的安全稳定。

（万州区文明办供稿）

致敬词

危难时刻，尽显英雄本色；恪尽职守，诠释奉献精神。你是人民的守护神，你是群众的好公仆！

敬业奉献

重庆好人传 / 2021 年

100

　　张致力，1965 年生，重庆市渝东南农科院党委书记、院长。30 多年来，扎根基层从事水稻育种，为重庆水稻品种改良和粮食增产增收做出了突出贡献。

张致力

　　让中国人的饭碗装满中国自己的粮食，让农民种上高产、高效、生态的水稻良种，让消费者吃上优质、安全的稻米是每一个水稻育种人的最大愿望与担当。

　　在位于涪陵区江北街道二渡村的重庆市渝东南农科院流传着这样的故事——在夏日的稻田边，总会有一个背篓，背篓里有个晒着太阳、开心地抓泥巴玩的小孩，在小孩不远处的稻田中有个忙碌的身影，这就是张致力和他的儿子。因为农科院条件艰苦，离城远，小孩无人照顾，张致力只能一边工作，一边照看小孩。妻子希望他能想办法调回城里上班，而他只是笑而不语，转身又跑到稻田里。

　　张致力的一双脚跑遍了西南地区的山山水水、山野乡村，上万份材料，三十年日复一日、年复一年。工资大部分都用在了育种资料的购买上，家人虽有怨言，他却总是一笑置之。

　　功夫不负有心人，张致力先后育成 20 个杂交水稻新品种。他率先育成重庆市第一个浓香型优质杂交水稻品种——第一个具有完全自主知识产权达国颁二级米标准的优质稻品种；集成和采用了"田间接种选择 + 分子标记辅助选择"的抗稻瘟病育种技术，有效解决了传统抗病育种的技术缺陷，显著提升了抗稻瘟病育种效率，实现了重庆市抗稻瘟病育种的重大进步……

　　如今 56 岁的张致力，早已头发花白，一双腿因长期站在稻田里落下了老风寒，天晴或下雨都会疼痛难忍。"中国的杂交水稻，不仅解决了十几亿人的吃饭问题，也在悄然地改变着世界，这是一代代水稻育种人不忘初心、潜心研究、攻坚克难、勇于创新的硕果。作为一名水稻育种人，能够让更多优质的大米走上餐桌，是我平生最大的心愿。"张致力说，"再苦再难，袁隆平等先辈的'禾下乘凉梦'也一定能实现。"

（涪陵区文明办供稿）

致敬词

　　潜心科研的汗水，催生优质高产的稻田；奔走田间的双腿，奔出农民丰收的喜悦。你说，你是拿工资的农民，但你，也是最美的稻田守望者！

敬业奉献

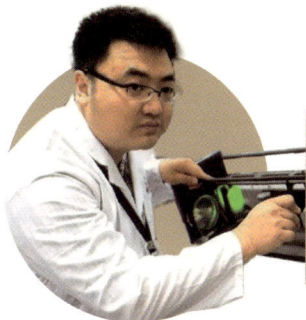

小传

马晓燠，1983 年生，重庆市江北区人，重庆连芯光电技术研究院有限公司总经理。青年科学家专注于单光子测量、信号与信息处理等领域的研究，取得了一系列创新成果。

马晓燠

浩瀚而神秘的宇宙，通过一只只人造"眼睛"的观测，正一点点地揭开它的面纱。参与制作这一只只人造"眼睛"的人中，有这样一位"追光者"——他解决了光刻机镜头精密检测、暗弱天体高精跟踪、空间碎片快速搜索等国际难题，将天文望远镜尽可能地向远、向精、向微观延伸。他，就是马晓燠。

2009 年，身为博士研究生的马晓燠参与了光刻机镜头检测设备的攻关项目。起初，他们打算从国外引进设备，但是拥有技术专利的国外公司不仅不卖设备，而且还拒绝了马晓燠去研究室参观学习的请求。2011 年，国家投入大量经费进行单光子探测技术方面的研发。马晓燠想在自主研发的同时购买外国的先进技术，结果吃了"闭门羹"。这次的"闭门羹"让他下定了决心：打破技术封锁、掌握核心技术！

一年的时间、行程上万公里、跨越 20 多个省市、收集了十多个硬盘的数据。在海拔 3800 米以上的无人区，马晓燠带领团队熬着夜、吸着氧，边调试设备边采集数据……

2016 年，中国自主知识产权的光子相机大功告成，10 多篇论文在国内外期刊上发表，20 多项专利获得了国内外授权。随后，马晓燠受中科院南美天文研究中心的邀请，参与中心建设，合作打造我国的南天观测基地。2018 年，国家鼓励科研工作者创新创业。马晓燠拒绝国外一流大学的工作邀请，带领团队成立了中科院光电所首个产业化公司——重庆连芯光电技术研究院有限公司，并入驻中科院江北育成基地，对已掌握的光电探测及控制技术从研发到整机装调的科技成果实施了产业化。

（江北区文明办供稿）

致敬词

你是技术封锁的"破壁者"，是光电领域的"追光者"，你用勇攀科技高峰的决心和毅力，展现新时代青年科技工作者以梦为马、不负韶华的风采！

敬业 奉献

　　郑友谊，1976 年生，重庆市长寿区邻封镇邻封村支部书记、村委会主任。时刻以军人的标准严格要求自己，发挥党员的先锋模范作用，为乡村发展做出贡献。

郑友谊

　　郑友谊于 1994 年入伍，1997 年退役。2007 年，郑友谊来到了邻封村。为了做好脱贫攻坚工作，他从不计较个人得失。贫困户遇到困难，他二话不说挽起袖子直接上，搬运、修补、打扫等成为他的日常。村民张淑清的子女在外务工，无暇照顾老人。郑友谊了解情况后，时常帮张淑清老人打扫清洁，联合村支两委成员照顾老人，并为老人落实旧房整治政策，极大地改善了老人的居住环境，老人赞不绝口："我都把郑书记当最亲的人了，有问题，找他就对了。"

　　"要致富，先修路。要想富起来，路先通起来！"2008 至 2011 年，在郑友谊的牵头下，全村新建水泥路 24 公里，实现了湾湾通，车子进得来，农产品出得去，便捷的交通为邻封村的社会经济发展奠定了坚实的基础。

　　为切实解决村里沙田柚的销售问题，2013 年，郑友谊带领乡亲们成立了"焦邻沙田柚合作社"，并邀请专家实地指导、教授柚农种植技术。经过数年的努力，沙田柚销售价格从当初的每个 3 元提高到了每个 10 元。为拓展沙田柚的销售渠道，郑友谊带头发展电商，建起了"邻封沙田柚"网站和"友谊手机微店"。通过网店，邻封沙田柚卖到了全国各地，邻封村户均年收入超过 10 万元。

　　2018 年，邻封村争取到了壮大集体经济的第一桶金，收储村民闲置的宅基地，统一包装出租，收到 2 万余元租金。邻封村在全镇率先成立村集体企业——重庆市长寿区邻封建筑工程有限公司，先后承接了邻封村美丽乡村建设、机耕道路开挖等项目，带动了当地百余名村民就近就业。

　　"我曾经是一名军人，守护祖国安宁。现在是一名基层干部，就踏实为民服务。"郑友谊说到也做到了。

（长寿区文明办供稿）

―――― 致敬词 ――――

敬业奉献

　　退伍不褪色，退役不退志；脚下沾泥土，心中装群众。你冲锋在脱贫致富的战场上，你践行了基层干部的使命与担当。

小传

王海兵，1978 年生，重庆青山工业有限责任公司总经理助理、中国兵器装备集团传动技术研究院副院长。专注于自动变速器和新能源变速器研发，带领团队取得诸多创新成果，解决多项"卡脖子"技术难题。

王海兵

王海兵自小就对机械工程非常感兴趣，他从重庆工学院汽车与拖拉机专业毕业后，便进入重庆青山工业有限责任公司工作，专注于自动变速器和新能源变速器的研发。

自动变速器的核心技术，曾长期掌握在国外大型汽车集团和专业变速器生产企业手中。2007 年，青山公司决定加快 AMT 自动变速器产品的产业化步伐。王海兵被任命为项目设计开发主管，带领团队投入到一场没有硝烟的战斗中。

一开始，设计组只有 3 个人，面临用户需求不明晰、供应商渠道不畅，甚至有的零部件都不知找谁做的难题。王海兵和项目团队成员每天工作 15 个小时，夜以继日地设计、测试。终于，2009 年 4 月 9 日，国内首款 AMT 自动变速器搭载江淮同悦汽车成功下线并实现量产，青山公司在国内首家实现自动变速器的产业化。

王海兵 2008 年又一次临危受命，率队开发 DCT 自动变速器。可是当时，DCT 自动变速器的核心零部件基本上都被国外公司所掌握，研发难度极大。王海兵带领这个平均年龄 35 岁、充满朝气的研发团队，开始了争分夺秒的研究。他们进行专利分析，了解技术参数，进行产品设计，对关键零部件进行研究，天南海北寻供应商……

经过不懈努力，研发团队攻破了离合器热管理及其转矩控制、起步 / 换挡控制等关键技术，率先实现了 DCT 自动变速器的双离合器和液压控制两大关键模块的自主设计和自主制造。2016 年 8 月 9 日，DCT 自动变速器搭载长安 CS15 汽车上市，打破了国外公司对 DCT 自动变速器的技术垄断。

正是无数次的被击倒，又迅速站立，为王海兵登上更高一级的阶梯积蓄力量。

（璧山区文明办供稿）

致敬词

自信自主自强，拿下自动变速器自主知识产权靠自己；先锋先导先行，突破先进新技术先天不足开先河。你锐意创新，解决科技"卡脖子"问题，把不可能变成了可能。

敬业奉献

冯中成，1968年生，重庆市石柱县人，生前系石柱县公安局交通巡逻警察大队车辆管理所民警。舍身保护群众，勇斗歹徒牺牲。

小传

冯中成

2021年7月21日上午，冯中成像往常一样，第一个来到车辆管理所业务大厅，热情招呼办事群众，热忱指导有需要的群众填表、帮助拍照，开启了新一天的工作。

11时许，一名受伤群众跑到车管所业务大厅求救。凭着职业敏感性，冯中成迅速上前，将呼救群众护在身后。此时，犯罪嫌疑人李某正在车管所车辆查验现场打砸车辆。为保护群众安全，防止李某再次行凶，冯中成赤手与李某展开了面对面搏斗，在搏斗过程中冯中成被李某刺中腹部，受伤倒地。其后，同事崔嵬、邓兵等赶来，与现场群众合力将犯罪嫌疑人李某制服。可不幸的是，冯中成被刺伤肝脏，经送医抢救无效，壮烈牺牲。

从警30年来，冯中成先后参与侦破黄水片区以周某为首的盗窃犯罪团伙案，解救被拐卖的陈某母子，协助破获新乐杀人案，协助取缔邪教组织，累计处理交通事故2300余起，查处各类交通违法行为35000余起，办理互联网办业务12000余件。他曾荣立个人三等功1次，获个人嘉奖12次，被县委、县政府和县公安局评为公安工作先进个人10次、石柱县公安局十佳交巡警1次。

冯中成同志的壮烈牺牲，牵动了各级领导和社会各界人士的心。他用宝贵生命守护群众安全的英雄事迹经媒体报道后，引起社会强烈反响，有群众连夜为他创作了歌曲："忠诚，是你对党徽警徽的承诺；中成，是你闪亮的名字；忠诚，是你对人民群众的守护；中成，你是爱民为民的好民警……"广大网民纷纷为冯中成的牺牲表示哀悼，对其勇斗歹徒的壮举深情点赞。

一个人感动一座城，一座城送别一个人。7月24日，社会各界痛别冯中成，他生前的战友、亲友和普通市民自发从四面八方赶来。大家难掩悲痛之情，含泪送他最后一程。载着冯中成遗体的灵车渐渐远去，送行的群众依然默默站立原地目送，久久不愿离开……

（石柱县文明办供稿）

---致敬词---

勇斗歹徒警魂燃，高扬正气人民赞。你是和平年代最可爱的人，你的生命在石柱土家大地永远闪耀着最美的光辉！

敬业奉献

小传　杨永根，1962年生，重庆市高新区综合执法支队金凤镇大队四级调研员、重庆高新区金凤镇老杨群众工作站站长。三十七年如一日为百姓排忧解难办实事，赢得了群众的信任。

杨永根

"有事找老杨，老杨帮您忙。"重庆高新区的群众对这句话一点也不陌生。老杨名叫杨永根，从事矛盾纠纷调解和基层社会治理工作37年，他以真心、耐心、诚心，赢得了群众的信任和支持。一说起"老杨"，大家都会跷起大拇指。但他并非天生就是一个调解"好手"。

1984年，他刚接触群众工作，也不懂如何与老百姓打交道，更别说从中劝解协调。但他凭着一股不甘落后的较真劲儿，扎实学习国家相关政策法规，向同事请教工作方法，研究电视法制节目的具体案例，琢磨工作难点的解决之策，反复观察、不断总结，逐渐从一名"法律小白"，成了群众认得出、叫得响的"业务达人"。白天走村入户，访民情、解民忧，倾听民声，夜晚奋笔疾书，学法律、写文书，梳理线索。他牵头调解的矛盾纠纷达2800余件次，调解兑现民工工资2.13亿元，解决工伤意外伤害赔偿460余件次，涉及金额高达3750万元，得到了广大群众的认可。

老杨将自己从事基层信访调解工作30余年的心得体会、方法经验归纳提炼为"老杨工作法"，包括群众工作"人、法、德、理、事"五字诀，纠纷化解"忍、静、听、看、说"五技巧，民事调解"问、查、议、调、办"五部曲，传授给年轻调解员。通过老带新的方式，老杨帮助从事基层信访、稳定、调解工作的新人把握群众工作的规律和特点，促进辖区信访问题的稳妥化解。"有事找老杨，老杨帮您忙"的服务承诺遍地开花。现在老杨虽然年近退休，但他仍承诺："只要群众有需要，我随叫随到。"

（重庆高新区党工委宣传部供稿）

致敬词

情为民系，利为民谋。你时刻把群众的疾苦和冷暖挂在心头，时刻把职位使命和职责牢记心间。你是调解工作的一把好手，是为民解忧的贴心好人。

敬业奉献

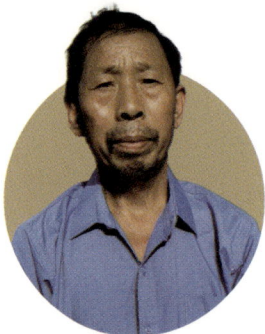

小传	廖成志，1959年生，重庆市丰都县三建乡夜力坪村8组村民。数十年如一日地照顾双目失明的岳母和瘫痪的妻子，用坚守诠释担当。

廖成志

1982年，23岁的廖成志与张永碧组成了家庭，同年，岳母廖德芳因一次意外导致双目失明，不仅不能干农活，连生活起居都要人照顾。这个时候，廖成志主动提出把岳母接来一起生活，他对妻子说："你妈就是我妈，我们一起来照顾她。"

廖成志每天早晨5点就出门干活，干到8点多再回家帮岳母洗漱、换衣、做早餐，等岳母吃完了早餐再出门干活。晚上廖成志回到家里，还会和妻子一起为岳母洗脸、洗脚、洗衣、喂饭。日子艰辛又充满温馨。但天有不测风云，1993年的一天，廖成志干完活回家，发现妻子因为中风摔倒在地上，送医救治后虽然保住了性命，但却瘫痪了。看着即将读初中的女儿，堂堂八尺男儿流下了眼泪。廖成志只有靠拼命干活来养活家人。

2012年，廖成志随老乡到浙江务工。妻子和老人只能委托给已经成家的女儿照顾。放心不下家里的妻子和岳母，廖成志只能每周打电话给女儿，询问家里的情况。除了春节，他平时都没有回过家。他不是不想回家，而是省下的路费就相当于妻子和岳母一个月的生活费了。2014年，妻子张永碧去世了。妻子临终前，廖成志坐在床前，看着妻子偏向岳母的方向，他知道妻子放心不下自己的母亲。廖成志拉着妻子的手，说道："你放心走，我会把妈照顾好的。"

廖成志仍旧日复一日地为岳母端汤送水、喂饭擦身。他的孝善事迹被村里传为美谈。人们常说，女婿也是儿。廖成志把这句话时刻装在心里，也真真切切地数十年如一日照顾岳母，在他看来，这都是作为儿女应尽的责任。

（丰都县文明办供稿）

致敬词

血脉不相连，亲情却相通。没有豪言壮语，你把一腔浓情慢慢挥洒。播下孝的种子，浇灌爱的甘露，你给人们带来一场温情脉脉的感动。

孝老爱亲

小传　　胡正宽，1943年生，重庆市垫江县曹回镇大坪村村民。40多年如一日，不离不弃照顾瘫痪在床的妻子，用厚实的肩膀撑起家的希望。

胡正宽

　　胡正宽13岁时成了孤儿，双亲先后离世，他是在亲戚的帮助下长大成人的。1962年，经人介绍与高显英喜结连理，终于有了属于自己的家。两人婚后育有两儿一女，尽管并不富裕，但一家人的生活却也过得幸福甜蜜。然而，天有不测风云，1980年，妻子高显英外出务农时不慎摔倒，下半身不能动弹。高显英住院期间，胡正宽每天都是医院、家里两头跑，抽时间回家将三个孩子的生活安排好后，又马上赶回医院照顾躺在病床上瘫痪的妻子。那段时间的苦累心酸难以言表，胡正宽整个人消瘦憔悴，头发变白。

　　妻子瘫痪卧床以来，无论春夏秋冬，胡正宽总是每天天没亮就起床，照顾妻子洗漱，给她擦拭身子、端水喂饭、按摩身体，不时修剪一下头发，周而复始，无怨无悔。"一家人齐齐整整在一起，生活总会好的。"胡正宽说。40多年不离不弃爱的坚守，胡正宽付出了常人难以想象的辛劳。他也赢得了曹回镇大坪村所有村民的敬佩。

　　现如今，他的三个孩子都已长大成人、结婚生子，家里的日子越过越好。"最苦最累的时候已经过去了，妻子不能行走，生活不能自理，我就照顾她、陪伴她，护其一生安好。"胡正宽说这话时特别坚定。

（垫江县文明办供稿）

　　致敬词

　　相濡以沫一个甲子，不离不弃四十余年。没有海誓山盟，只有默默相守。你为我们生动演绎了"执子之手，与子偕老"的人间真情！

孝老爱亲

小传

　　方才阳，1952年生，重庆市巫山县人。四十五年如一日地照顾妻子的伯父，他任劳任怨，无怨无悔。

方才阳

　　今年94岁的邹启元，是方才阳妻子的伯父，从小腿脚不便，终身靠拐杖支撑走路。伯父的遗憾不止于此，妻子何付莲身患残疾，二人膝下也没有一儿半女，生活过得窘迫艰难。

　　1975年，23岁的方才阳和邹厚秀定亲。热心的方才阳经常上门看望邹启元、何付莲夫妻二人，顺便帮助做些家务。"那个时候，农村缺水，我帮他们挑了20多年的水，儿女长大后也继续帮他们挑水。后来家里条件好些了，才买了抽水泵。"方才阳回忆道。住在农村的那几十年里，上山砍柴、洗衣扫地，从不间断，就连田里种收庄稼，方才阳夫妻也承担了下来。2003年，方才阳一家人租住到城区二郎庙。为了方便照顾伯父、伯母，他们给两位老人在自己家附近也租了房子。从那时起，邹启元、何付莲的吃穿用度全部由方才阳负责。2004年10月，何付莲过世，方才阳按照农村的习俗，将老人风风光光地安葬。

　　从方才阳接邹启元到县城至今，已过去18年。2016年，方才阳的女儿去了成都做生意，方才阳夫妇搬到女儿买的房子居住。虽然离邹启元住的地方远了，但并不影响方才阳照顾老人。他每天步行5.2公里到二郎庙，给伯父叠被子、煮饭、洗衣服、换纸尿裤。去年冬天，方才阳担心伯父夜里一个人睡觉不暖和，他陪着伯父在一张床上睡了整整一个冬天。

　　方才阳每天给伯父擦洗身子，换洗衣物，收拾得干干净净。以前方才阳身体好，还能帮伯父洗澡，现在年龄大了，加上腰椎间盘突出，只能花钱请人帮伯父洗澡。"只要老人健康长寿，再苦再累都值得。"方才阳说。

（巫山县文明办供稿）

致敬词

　　用孝道温暖身边亲人，用善举彰显人间大爱。你用行动谱写了一曲中华民族的传统美德之歌！

孝老爱亲

小传　　胡发久，1979 年生，重庆市酉阳县涂市镇地灵村 1 组村民。身残志坚，不向命运低头，通过生猪养殖成为村里的致富带头人。

胡发久

在酉阳县涂市镇地灵村，认识胡发久的村民都说，胡发久变了。以前每天都愁眉苦脸、沉默寡言，现在随时都是笑眯眯的。是什么原因让胡发久有了这么大的转变呢？

胡发久是涂市镇地灵村 1 组村民。他小时候右手摔伤留下残疾，做事不得力，妻子和大儿子又有视力障碍。虽然他自己非常勤劳，在离家较近的黑水镇一家养猪场打工，但是因为工资收入低，家庭负担重，一家人日子一直过得紧巴巴的。2015 年，他家被列为建档立卡贫困户。"这样下去不是个办法。"胡发久打心底这样想。他从小就悟透了，自强自立才是根本出路。

2015 年，帮扶责任人白运海结合胡发久的家庭实际情况，建议他发展生猪养殖业，并帮他申请了 3 万元无息贷款。有了这笔资金，胡发久修建了一个简易猪圈，购买了 10 头种猪开始养殖。通过自繁自养，2017 年，胡发久出栏了 50 头肥猪，一举脱了贫。

虽然暂时脱贫，但家中 3 个人有残疾，劳动能力受限，胡发久家返贫风险较高。为了防止返贫，2017 年底，在白运海等人的帮助下，胡发久决定扩大养殖规模。他拿出卖猪挣的钱和政府补贴的产业发展资金，修建了一个标准养殖场，购买了 50 头长白猪、60 头杜洛克猪。2018 年，他又扩建了一个 400 多平方米的标准猪圈，消毒室、储藏室等一应俱全。2019 年，生猪价格上涨，胡发久将存栏的 60 头肥猪全部售出，净赚 18 万元。2020 年，胡发久的养殖场又出栏 150 头肥猪，净赚 40 余万元。脱贫成果得到了有效巩固。

胡发久依靠养猪脱贫致富的事迹，一时间成了地灵村村民们热议的话题。如今，胡发久家的房屋已装修一新，发展的道路越来越明亮、宽广。

（酉阳县文明办供稿）

致敬词

身残志不残，勤劳养猪奔向小康生活；心宽路更宽，努力奋斗成就美好人生。你从不顺应坎坷的命运，从不踩灭希望的火焰；你自立自强创造幸福生活，你无私无畏激励他人向前。

自强不息

两江流光 / 张坤琨

十一月·十二月

Chongqing
Haoren Zhuan

彭道明，1931年生，重庆市万州区人。90岁退伍老兵发挥余热，四十年如一日坚持开展红色宣讲，悉心帮助下一代健康成长。

彭道明

1954年，彭道明如愿在东北参军入伍，成为一名抗美援朝志愿军战士。那时的他便萌生了"报效祖国，永不回头，永不言悔"的信念。退伍回到家乡后，他在万州区第一人民医院工作，直到1982年退休。在单位里，他一直都是文艺骨干，不仅把单位里的文艺活动组织得有声有色，还经常自己创作一些通俗接地气的文艺作品，颇受人们欢迎。

退休后的彭道明也一心想为群众做点什么。他决定退而不休，发挥余热，将党史故事、新政策、新资讯等以"接地气"的形式传递给大众。于是，彭道明将金钱板技艺与其他文艺形式结合起来，深入农村、工厂、学校、机关、军营等场所，以大家喜闻乐见的文艺形式广泛宣传党的方针政策，讲中国传统文化故事。走一路，写一路，讲一路，成了他退休生活的常态。20世纪90年代，彭道明已成为万州及周边区县各类学校的"常客"，受到师生们的喜爱。

2010年，彭道明成为万州区理想信念宣教团宣传员。在宣教团里，凡是有进学校的德育课、法治课，他都会"登台献艺"。2020年10月15日，在加入宣教团10周年之际，区关工委考虑到彭道明的年龄和身体状况，为他举行了一场"退休仪式"。然而，他仍然没有放下他的义务宣讲工作，至今仍活跃在宣讲一线。"虽然我已经91岁了，但只要身体允许，我还会一直宣讲下去！"彭道明如此说。

（万州区文明办供稿）

致敬词

一块金钱板，奏响的是永恒的红色强音；四十年义务宣讲，为下一代传承红色基因。你是党的好儿子，人民的好榜样！

助人为乐

小传

谭吉林，1968年生，重庆爱尔眼科医院副院长。从事眼科临床工作近30年，以高超的医术救治了众多患者，以高尚的医德温暖了无数患者的心。

谭吉林

谭吉林从事眼科工作以来，一直坚持奋战在医疗第一线，是无数患者和家属心中的"光明使者"。100余面锦旗、100余封感谢信，都是他始终以病人为中心的最好证明。

2000年，谭吉林积极响应党和国家的号召，跟随"视觉第一·中国行动"深入农村，将当时先进的白内障超声乳化技术带到了基层医院。白内障手术的费用并不便宜，困难人群患上白内障后往往想治而"不敢"治，因此谭吉林积极投身"爱心牵手·光明助困"防盲治盲工作，为困难人群进行白内障免费治疗。7年间，他累计参加各类义诊普查活动600余次，实施慈善公益手术1万余例，并为贫困群众设立慈善"眼健康"门诊，使超过10万名眼病患者获得免费检查及健康科普服务。除此之外，他还免费为6名抗战老兵实施公益救助白内障手术，让英雄老兵们重见光明，谭吉林还许下承诺，要将抗战老兵救助公益活动一直持续下去。2020年伊始，新冠肺炎疫情突发。谭吉林主动取消春节休假，义无反顾地投身志愿者活动。他带领6名医院志愿者参加南岸区南湖社区守点排查执勤工作，并积极捐款和协调筹措物资，发动医院同事捐赠医用口罩5000个、医用手套4000双、护目镜350副、乙醇消毒液50件及其他爱心物资360余件。

在谭吉林心中，孩子们的双眼纯真而洁净，应该得到最好的保护。他向南岸区各中小学捐赠了60张标准对数视力表，为2100余名近视的中小学生建立了近视防控档案。从幼儿到老人，从医院内到医院外，谭吉林用自己的爱心，为人们带去了多彩的世界与明媚的光亮。

（江北区文明办供稿）

致敬词

生命至重，光明亦甚！三十年如一日，你奔忙在守护患者心灵之窗的路上，以心为灯，以爱为桥，为患者带来色彩缤纷的世界。

助人为乐

小传

代云，1969年生，重庆市九龙坡区文艺志愿者。热心公益，10年时间为学校、社区送出20余万字书法作品，弘扬中华优秀传统文化。

代　云

　　几支毛笔，一方砚台，一块"开启新征程奋进新时代"喜迎党的二十大主题展牌，代云带着家人支起的书法摊位，吸引了众多居民的围观。围观的群众拍手叫好："这个字写得有力量！""就是，一定要拿回家挂着给娃娃看看！"2021年，代云发起"学党史庆华诞，感党恩跟党走"100场书法公益活动。现场书写作品并赠送给群众，弘扬中国传统文化。

　　代云出生在垫江县一个农民家庭，从小酷爱书法，写得一手好字。从2010年开始，代云每年都自己购买笔墨纸张，赠给小区和周边的居民，并无偿为街坊四邻书写春联达5000余副。

　　2021年3月19日以来，代云及家人在江津区陈独秀旧居、聂荣臻纪念馆、北碚区静观王朴烈士陵园等16个红色景区、革命先烈纪念地挥毫泼墨，书写"盛世中华""百年伟业"等书法作品，赠给当地群众。代云还编印、捐赠硬笔书法教材300册，亲自驾车送往合川陶行知育才小学，作为孩子们上公益书法课的教材。石桥铺街道文服中心开展书画活动，代云主动捐赠了自己这些年来最好的书法作品。

　　代云说，他今后还会在力所能及的情况下多参加社会公益活动，为弘扬中国的书法艺术尽一份绵薄之力。

（九龙坡区文明办供稿）

致敬词

　　挥毫泼墨书党恩，翰墨飘香歌盛世。你饱蘸浓情，挥动如椽之笔，抒发家国情怀，写下赤子丹心。

助人为乐

小传

晏春明，1965 年生，重庆市长寿区融媒体中心质量考评部主任。发起并成立了"大爱木里"爱心团队，资助木里的贫困儿童，受到社会的广泛赞誉。

晏春明

2013 年，晏春明与四川省凉山彝族自治州木里藏族自治县唐央乡里多村因旅行结缘。2014 年 9 月，晏春明自费购买了满满一车生活物资和学习用品，一个人开着车，历时 9 天，第二次来到木里。看着收到新衣服和学习用品的孩子们开心的笑脸，晏春明觉得一切都是值得的，但他又深深地感到这些物品对木里县众多贫困人群来说，只是杯水车薪。2016 年 10 月，"大爱木里"爱心团队在晏春明的发起下正式成立。此后，大家每年不定期向山区村民捐钱捐物，共送去价值 30 余万元的爱心物资。

2018 年 4 月底，晏春明被检查出患皮肤癌，需住院动手术。可还没等伤口痊愈，他就坚持出院前往木里陪孩子们过儿童节。晏春明强忍着伤口的疼痛，联系爱心人士购买物资，安排去木里的人员和车辆。2018 年 5 月底，晏春明和队友带着价值 5 万余元的袜子、手套、帽子、衣服及各种学习用具，走进木里山区的多所学校。整个途中，晏春明都带着医生开的药，每到一个地方才给伤口换药。

仅仅靠自己和团队"输血式"的帮扶并不能长久地解决问题，如何才能因地制宜，让木里村民脱贫？这是晏春明一直思考的问题。晏春明决定尝试网络和电商销售。在晏春明和团队的帮助下，20 多人通过电商脱贫致富。9 年里，晏春明个人捐助现金 7 万余元，捐赠价值 3 万余元的物资，一对一帮扶 3 名孩子。直到 2021 年初，因为一个同事想要参与资助，晏春明默默帮助木里的事迹才被单位领导及同事们知晓。"大爱木里"的事迹，也被载入了《木里脱贫攻坚感人故事》一书。

（长寿区文明办供稿）

致敬词

9 年，2.5 万公里，你高擎爱的火炬奋力前行，为贫困孩童送去光明和希望。你的爱心之路没有尽头，你的好人善举永世铭刻。

助人为乐

小传　姜成高，1947 年生；唐春梅，1959 年生。二人皆为重庆市合川区涞滩镇白云村村民。二人合力救下落水的一家三口，并提供衣物为他们驱寒，事后谢绝落水者感谢金。

姜成高　唐春梅

　　重庆市合川区涞滩镇白云村双龙湖南面湖岸边有一片滩涂，经常有钓鱼爱好者来此停车钓鱼。2021 年 8 月 12 日傍晚 7 点左右，正在家门口剥玉米粒的 62 岁村民唐春梅看到滩涂上一辆小轿车正缓缓地向湖中滑去。她感觉不妙，便立即跑过去查看。

　　唐春梅发现，车内有一名几岁的小女孩和一名妇女，她一边大声呼救，一边提醒车内的人："快，把车窗按下去！"然后火速跑回自家院子去拿救生衣。在距离事发地约 100 米远的一栋小楼内，74 岁的村民姜成高正准备吃晚饭，刚坐上饭桌便听到有人大声呼喊"救命！"有着 40 多年捕鱼经验的姜成高赶紧来到湖边，跳上自家小船，奋力向落水人员划去。此时，唐春梅抱着 3 件救生衣和麻绳，从自家院子赶到了湖边。

　　由于大量湖水涌入，车辆开始下沉。很快，湖水已经漫到了车窗位置，车内的女子和女孩从打开的车窗中钻了出来，在水中挣扎。小车的主人原本拿着鱼竿在垂钓，发现妻女落水，便不顾一切跳入水中救人。但因为体力有限，慌乱中，3 人抱团在水中挣扎。

　　唐春梅灵机一动，她用麻绳将救生衣捆在一起，里面裹上一块石头，并将麻绳另一头绑在岸边的一棵大树上，然后用力一扔，把救生衣扔到了在水中挣扎的 3 人身边。男性落水者立即抓住了救生衣。姜成高正好划着小船赶到，他先救起小女孩；然后再一把抓住男性落水者的手，让他抓住船舷；接着姜成高又用手死死地抓住女性落水者的手臂将她救起。随后，唐春梅与岸边的其他群众一起用力，将船和人拉到了岸边。

　　事后，落水的一家三口亲自带上感谢信和锦旗登门致谢。姜成高、唐春梅却说，他们家住湖边，救人纯属举手之劳。两人不仅谢绝了被救者送来的感谢金，而且对前来报道此事的记者说，他们救人只是为了做人的良心，今后如果看见有人落水，他们还会伸手相救。

（合川区文明办供稿）

重庆好人传／2021 年

116

致敬词

见义勇为

　　纵身一跃的英勇无畏，源于一颗见义勇为的热心。你们的朴素美德演绎了人间大爱，你们的凡人善举闪耀着人性光辉！

吴兴宏

　　2021 年 9 月 6 日下午 1 点钟，从黑山谷北门驶向万盛汽车站的 409 路公交车停在了终点站。所有的乘客都下车后，公交车司机吴兴宏像往常一样巡视公交车，意外捡到一个黑色挎包，里面装有大量现金，还有身份证、银行卡等证件。

　　"谁的包落在车上了？"吴兴宏立马下车，大声询问已经远去的乘客，但没有人应答。"挎包鼓鼓的，里面装有大量现金，乘客丢了钱，肯定很着急。"吴兴宏一面替失主着急，一面立即将情况向公司调度室汇报，并把挎包交到了公司办公室工作人员李洪的手中。李洪打开挎包后，发现里面有 9600 元现金，还有身份证、银行卡等证件。从身份证信息判断，失主可能住在黑山镇。李洪立即根据身份证信息报警，寻找失主。

　　一个小时后，警方传来了好消息，已经联系上了失主小华。当天下午三点半左右，小华急匆匆地赶到万盛客运公司办公室，从工作人员手中领回了挎包。"发现挎包丢的时候，我差点急哭了。"小华是一名大一的新生，这笔钱是他的学费，正准备存进银行缴纳学费。他回忆，当时带了太多东西，在去银行的路上才发现包不见了，现金和证件都没有了。他当时吓得冷汗都出来了，正准备报警时，就接到了车站工作人员的电话，喊他去认领挎包。

　　拿到失而复得的挎包，小华激动不已，一直向公交车司机吴兴宏致谢。面对感谢，已有 20 多年驾龄的吴兴宏表示，捡到物品立即上交是他们的工作原则，举手之劳而已，每一名公交车驾驶员都会这样做。

（万盛经开区文明办供稿）

—— 致敬词 ——

　　面对万元现金，你坚守本心，恪守诚信。你用善行义举诠释了乐观正直、以诚待人的优秀品质，更将向上向善的文明力量传遍每一个角落。

诚实守信

小传

余行江，1983 年生，重庆市公安局九龙坡区分局科技信息化科副科长。带队研发完成的高空抛物智能预警监测系统，为千家万户带去"头顶上的安全"。

余行江

"没想到这么快就帮我找到了高空抛物者！感谢人民公安，感谢科技进步！"家住重庆市九龙坡区石桥铺的陈先生拉住派出所民警的手，不住地表示感谢。2021 年 3 月，他在自家楼下被一块从天而降的石头砸中受伤。本以为无望找到抛物者的他，在九龙坡警方"黑科技"的帮助下，找到了抛物者。警方的"黑科技"就是"瞭望者"高空抛物智能预警监测系统，由重庆民警余行江在 2020 年带队研制。

山城重庆是全国高层建筑最密集的城市之一，高空抛物的情况也较多。"最高峰时期，我们辖区每天都有三四起因高空抛物引发的纠纷，这还只是造成了实际伤害的，没砸到人的就更多了，高空抛物绝对是人们头顶上的安全隐患。"余行江说。《民法典》明确要求公安机关有责任对高空抛物进行调查以查清责任人，余行江由于长期从事公安视频建设工作，她在几年前就有了研发高空抛物智能预警监测系统的想法。如果能解决移动物体侦测抓拍的问题，那么完全可以对高空抛物实现监测和预警。

2020 年，余行江组建了一支团队，对高空抛物智能预警监测系统进行调试、测算、改进，"瞭望者"历时一年多终于上线。这套系统通过前端带 AI 算法的抛物主动监测摄像机，对不同场景、因素、物体进行抓拍监测。当抛物下落时，系统会自动生成一张抛物线的全景图和一段 10 秒左右的抛物视频，现场定出抛物位置，追踪下落轨迹。

"瞭望者"上线以来，共抓拍并预警抛物行为 483 次，其中抛掷具有安全隐患的重型物体 24 次，规劝习惯性抛物人 46 人，多次成功地找到了肇事者，有效震慑了高空抛物者。"用'智慧警务'服务百姓民生！作为一线科信民警，群众所担心和关心的，就是我们需要研发的！"余行江如是说。

（九龙坡区文明办供稿）

致敬词

"瞭望者"大显神通，美渝警初心坚守。你多少次攻关，多少次拼搏，只为守护群众"头顶上的安全"。巾帼有剑胆，热血铸青春！

敬业奉献

小传

王明先，1970 年生，重庆市北碚区市政设施管理处疏浚组组长。从事一线疏浚工作 30 余年，兢兢业业，无私奉献。

王明先

王明先负责 251 公里的下水道的疏浚任务，日日与又脏又臭的窨井相伴。30 年来，他进出窨井 30 余万次、累计清淤近 6 万吨，疏通各类管道 9000 余米。王明先说："地下管网是城市的'血脉'，保证'血脉'畅通是我们的职责。"

2016 年 2 月，蔡家岗街道汪家堡片区污水管网严重堵塞，王明先和同事赶往现场，进行抢险作业。为探明堵塞原因，两名疏浚工下降到井中进行试探。这时，缓慢流动的污水突然加速，不明气体瞬间将前面的疏浚工熏晕。眼见自己的工友昏迷过去，后面的工友立马实施救援，但 20 秒不到，这位工友也失去了知觉。"时间就是生命。"生死时刻，王明先临危不乱，和其他同事戴上防毒面具先后下到井中，将昏迷的疏浚工友绑在自己身上，一手扶着人，一手拽着安全绳，脚蹬井壁努力攀爬，最终将昏迷工友救回地面，并立即进行急救，成功地挽救了两位工友的生命。

2019 年 10 月 3 日凌晨，北碚突降暴雨，作孚广场街心花园污水管网流水不畅、轨道交通 6 号线北碚出口的电信大楼前流水不畅、国土支路山洪沟堵塞导致积水……王明先带领疏浚组一个积水点一个积水点地进行清理，碎玻璃碴划破了手指、衣服被雨水浇透、污水溅满全身，他们一直奋战到天亮。2020 年 8 月，嘉陵江上游普降暴雨，嘉陵江北碚段超过警戒水位，由于江水倒灌，北碚滨江路隧道出现大量积水，存在安全隐患。王明先带领市政抢险应急队火速赶往滨江路隧道，进入黢黑、泥泞的地下隧道深处进行抽水作业。江水持续上涨，王明先与抢险应急队的队员们连续多日坚守在滨江路隧道，最终将险情控制。

（北碚区文明办供稿）

───── **致敬词** ─────

不惧污臭，疏浚城市"血脉"；履职尽责，守护万家"清流"。你奋斗在平凡的岗位上，将责任心、使命感化作坚守的动力，用劳动谱出了一曲新时代的交响乐。

敬业奉献

小传

王南乔，1969 年生，重庆旗能电铝有限公司阳极组装车间设备点检长。打磨自身职业技能，成长为市级劳动模范、技能大师，带领工人不断取得创新成果。

王南乔

在电视剧《大江大河》中，男主角宋运辉大学毕业后，进入化工厂工作。其间，宋运辉刻苦钻研，检查机器设备老化情况，精心检修维护，让所在车间的生产效率大大提高。在重庆旗能电铝有限公司，也有一个像宋运辉这样的人，他凭着踏实勤奋的品格，一心钻研技术，最终成为行业内有名的技术专家。他，就是王南乔。

1990 年，王南乔从技校毕业后进入綦江齿轮厂，正式走上设备检修之路。8 年间，他反复练习"车""钳""铣""刨""磨"五大技能，迅速成长为厂里的技能尖兵，多次拿到各工种比赛的"状元"。

1997 年 9 月，王南乔毅然离开家乡故土，辗转成都、广州等地。在外地务工的几年时间里，王南乔勤学手艺，不仅学习如何操作机械，还深入研究各种设备的运行原理，并开始发明创造。他创新制作的"曲柄滑块连杆固定式"锯弓架，上一次锯条能够节省 10 余秒时间，并且直线度和平面度更加精准。

2008 年 10 月，重庆旗能电铝有限公司在綦江区正式成立。得知这一消息后，王南乔回报家乡的想法在心中萌发。2013 年，他成功应聘为重庆旗能电铝有限公司铝业机械点检长。入职不足三年的他义务加班 800 余工时。这期间，王南乔从 130 多斤瘦到了 102 斤。2017 年，王南乔被评为重庆市劳动模范，同年被推选为重庆市第五次党代会代表。

2015 年，成立由王南乔为带头人的职工创新工作室，后经重庆能源集团统一命名为"重庆旗能铝业分公司劳模创新工作室"。2018 年，向市总工会成功申报"王南乔市级技能大师工作室"。工作室成立以来，完成创新项目成果 235 项，实现经济效益 1300 余万元，获得国家专利 9 项。面对成绩斐然的创新成果，王南乔说："在基层这么多年，我发现设备创新其实也很简单，就是要做个'三心人'，有心发现缺陷、用心思考创新、精心施行改进！"

（綦江区文明办供稿）

致敬词

匠心坚守，练就一身扎实技艺；巧思善用，屡次攻克技术难关。在制造强国的征途上，你以敬业奉献的精神、积极进取的品格，书写下新时代基层技术工人的华彩篇章。

敬业奉献

黄德利，1975年生，重庆市大足区农业与农村委员会高级兽医师。长期为大足黑山羊产业提供技术服务，为大足区贫困户脱贫致富做出杰出贡献。

黄德利

今年47岁的黄德利从事畜牧兽医工作26年，指导服务养殖户（场）万余户（场），助力增加养殖效益超过千万元。

大足黑山羊是大足区的畜牧特色产业，也是重庆市两个进入国家畜禽遗传资源保护名录的品种之一。在脱贫攻坚时期，黑山羊养殖更是当地贫困人口脱贫增收的"利器"。为帮助村民发展黑山羊养殖产业，黄德利累计牵头组织技术培训5000人次，带动2000余户农户从事黑山羊养殖，实现养殖增收超过5000万元，被誉为"大足黑山羊产业的'领头羊'"。

除此之外，黄德利还持续开展种源"卡脖子"技术攻关，主持、参与大足黑山羊科研、试验等科技项目20余个，累计争取到5000万元以上的项目资金，并探索出"养殖—有机肥—牧草"的种养结合、循环发展模式。在黄德利的助力下，全区大足黑山羊养殖第一产业产值超过4亿元，综合产值超过10亿元。

除了带动贫困户养殖黑山羊，黄德利还推动龙石镇青山村、季家镇梯子村、中敖镇观寺村3个市级贫困村将扶贫资金共计396.75万元投资入股相关公司的大足黑山羊产业，按每月1%的固定分红作为村集体经济收入。截至2021年12月，该项目已累计提供142.72万元的固定分红，直接助力市级贫困村整村脱贫致富。

黄德利指导并带领贫困户养殖大足黑山羊脱贫增收事迹获《人民日报》等多家国家级媒体报道。黄德利说："2022年，我们还要积极申报国家级动物疫病净化场、国家羊核心育种场，进一步提高大足黑山羊的影响力。"

（大足区文明办供稿）

—— 致敬词 ——

心系困难群众，带动贫困户脱贫致富；胸怀科技报国，助推黑山羊产业发展。你是把论文写在祖国大地上的新时代农科人，是扎根基层无私奉献的乡村振兴拓路者。

敬业奉献

小传　黄增平，1954 年生，重庆市梁平区人。退休不退岗，义务参与地方志编纂工作 17 载。

黄增平

　　2004 年 7 月，刚从中国建设银行云阳支行退休的黄增平想继续发挥余热。恰逢《梁平县金融志》向全县召集金融专家，黄增平得知后，主动请缨，加入编撰队伍。

　　在他专业的指导下，该书的出版时间比预计时间提前了好几年。2007 年，黄增平又参与《梁平县志（1986—2005）》的编纂工作。这是一项系统的大文化工程，记载了 20 年间梁平的历史变革、文化传承、地理风物、风俗民情等。编委会组织 10 多人分成 4 个小组专职编纂，黄增平负责人口与社会生活、商贸、国土资源管理等篇章的编写工作。在 2007—2009 年的 3 年时间里，黄增平来往于各单位和乡镇街道之间，查阅档案，摘抄资料，收集原始素材，为后期编纂县志打下坚实的基础。2009 年 7 月，各小组完成县志初稿，黄增平又协助总编统稿，多次修改补充，完善内容，七易其稿。这部 132.5 万字的《梁平县志（1986—2005）》终于在 2010 年 10 月通过重庆市地方志办公室的终审，2011 年 3 月经重庆市人民政府办公厅批准付梓。2016 年 5 月，《梁平县志（1986—2005）》荣获市级地方志最高奖项——重庆市司马迁奖。而后，黄增平与同事们又马不停蹄地编纂《梁平年鉴》，从 2011 年起至今已公开出版 11 期。

　　截至 2021 年，67 岁的黄增平共参与编纂出版 40 多部志书，涵盖农业、工业、教育、卫生、税务、交通等多个领域。作为重庆市地方志专家库成员，他参加重庆市组织的专家评审组，对璧山、城口、江津等区县的县志进行评审。

（梁平区文明办供稿）

致敬词

　　你退休不退志，兢兢业业编写地方志，既有"十年磨一剑"的专注，也有"甘坐冷板凳"的执着，为祖国的地方志事业鞠躬尽瘁。

敬业奉献

小传

冉义芳，1967年生，重庆市武隆区黄莺乡龙洞小学教师。扎根乡村教育30多年，弘扬线编非遗，培养线编人才，助力乡村振兴。

冉义芳

高中毕业回龙洞小学代课的那一年，冉义芳17岁。看到那没有自来水、不通电的木质三层青瓦顶的教室，凹凸不平的课桌，坑坑洼洼的操场，她的内心也有过迷惘。但是，学生的一句句"老师好"，让她感受到初为人师的喜悦，逐渐坚定了扎根乡村教育的决心。

1997年，县里有政策要对教师进行优化组合。冉义芳找校长商量，请求让她去海拔一千余米的笋子校点代课。笋子校点的冬天特别冷，孩子们的手经常长满冻疮，她给孩子们熬姜汤暖身子，还买了毛线利用休息时间给孩子们织手套、围巾。

2007年，冉义芳通过代转公考试，获得教师编制。她说："为此我坚守了23年，今天终于圆梦。但这仅是一个新的起点，为了我大山里的孩子，为了我挚爱的教育事业，我将继续扎根山区，没有终点！"

2016年至2017年间，冉义芳经历两次癌症手术，留下了严重的后遗症，甚至无法正常说话，但她佩戴扩音器坚守课堂。病魔夺走了她的嗓音，却夺不走她对孩子的爱。

冉义芳不仅是教师，还是民间线编艺术的传承人。2015年，她利用学校开办乡村少年宫的契机组建了毛线编织兴趣班，开始带孩子们学线编。在7年的线编教学中，她反复琢磨、精心打造、不断总结，编写了约40万字的《线编教程》。教程简单易懂，学生看完后基本能独立完成作品。2018年，线编艺术被正式列入区级非物质文化遗产名录，龙洞小学成为武隆区线编特色学校，冉义芳也多次代表全区参加重庆市组织的文博会、巴渝巧姐、手工协会等展出活动，个人作品亮相意大利米兰国际手工作品展等国际舞台。

（武隆区文明办供稿）

致敬词

躬耕三尺讲台，三十余载扎根教育培养建设人才；翻飞一双巧手，七年时间传承非遗助力乡村振兴。你是学生的好老师，更是龙洞的好女儿。

敬业奉献

小传 袁华，1993年生，生前系重庆市奉节县公安局鹤峰派出所民警。爱岗敬业，素质过硬，屡屡参与破获大案要案。在押解犯罪嫌疑人的过程中遭遇车祸，不幸殉职。

袁 华

袁华从小立志当一名人民警察。高考报志愿时，他毫不迟疑地填报了重庆警察学院。求学期间，他勤奋好学，品学兼优；入警后，他苦练本领，精心钻研。

袁华从警以来，走街串巷，进村入社，收集社情民意，宣传党的政策、法律法规和安全防范常识；他出警处警，化解纠纷，机警干练，细心稳重。

在工作中，袁华充分展现公安"科班出身"的优势，从分析警情、信息研判，再到落地核实、抓捕嫌犯，他思路清晰，敢拼敢干。他勤学善思，本领出众，案侦、消防、交通、社区，驾轻就熟，样样拿手。凭借过硬的技术本领和出色的工作能力，他先后多次被县公安局作为骨干力量抽调侦办大案要案，多年来累计参与侦破刑事案件150余件、行政案件230余件，打击处理违法犯罪人员50余人。

袁华在所里主要从事案侦、消防、交通和社区警务工作，但同时他也是所有人的替补B角。自从警以来，他便以所为家。"所长，这周我值班。"每到周五，袁华经常要求所里安排他值班——就算没安排，他一般也会驻守在所里。

2021年11月8日，为尽快追回辖区71岁五保老人家中被入室盗窃的1300元现金，怀着一颗赤诚丹心的袁华再一次主动加班侦办案件。18时许，在与同事一道押解犯罪嫌疑人指认现场时，袁华不幸被后侧驶来的越野车撞倒，经抢救无效去世，生命永远定格在28岁！而他生前出具的那份追回733元的扣押清单，成了映照他纯粹警魂的最好见证。

（奉节县文明办供稿）

致敬词

肝胆映夔州，壮志未酬，一腔热血锻警魂；英灵寄日月，初心不渝，满怀正气铸忠诚。你用忠诚捍卫国家安全，用热血守护人民幸福。铮铮誓言犹在耳，年轻的你，从未离开！

敬业奉献

小传　张吉莲，1973 年生，重庆市永川区仙龙镇人。无怨无悔照顾 4 位老人，用孝道为老人撑起一片天。

张吉莲

　　同时赡养 4 位老人，对谁来说都是一副沉甸甸的重担。然而，心地善良的张吉莲自懂事起，就选择挑起了这副重担。张吉莲 1 岁半时，母亲便去世了。父亲嗜酒，很少顾家，年幼的张吉莲便与奶奶和 3 位叔爷爷一起生活，从那时起，她便下定决心，长大后要回报几位长辈的恩情。张吉莲结婚后，放弃了和丈夫一起外出务工的想法，在家照顾奶奶，直到奶奶去世。2007 年，相继送走父亲和奶奶的张吉莲，看到 3 位没有成家的叔爷爷渐渐年迈体弱，毅然将他们接到自己家里照顾。如今，二爷爷张炳华已 77 岁，三爷爷张高才 73 岁，幺爷爷张召南 65 岁。在老人们的养老问题上，张吉莲从未含糊，她和丈夫的态度是一致的：把老人们当"亲老汉"看待。"3 位叔爷爷的情况比较特殊，都没有儿女，我是在他们的庇护下长大成人的。因此，只要我有一口吃的，就不会让 3 位叔爷爷饿着。"张吉莲说道。

　　婆婆关银芳是一位肢体残疾人士，加上有智力障碍问题，生活完全不能自理。随着年龄的增长，每天的吃喝拉撒都要有人盯着，稍不留神就会弄脏衣裤。张吉莲每天给婆婆洗脸梳头，整理衣服，时常扶婆婆到院坝晒太阳，定期拆洗婆婆的被褥。每次有事外出时，她都要精心安排好老人的衣食起居。

　　一晃 14 年过去了，75 岁的婆婆仍然面色红润。每当村里其他老人路讨张吉莲家，看到关银芳衣着整洁、身体健康，总会投来羡慕的目光。十里八乡都夸张吉莲是叔爷爷们的好侄女、丈夫眼中的好媳妇、儿女眼中的好榜样。

（永川区文明办供稿）

致敬词

　　百善之首德如莲，人间至孝赤子心。你用纯朴的孝心回报养育的深情，在袅袅炊烟中续写一个特殊的"四世同堂"传奇，让中华民族的传统美德浸润人心。

孝老爱亲

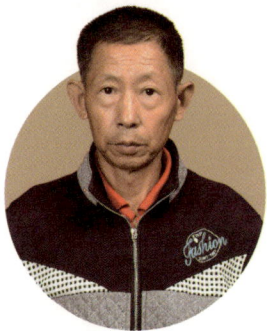

小传　　周世稳，1959 年生，重庆市开州区铁桥镇天安村 8 组村民。他身患残疾，却倾尽所有为弟还债、抚养侄女。

周世稳

　　周世稳 1 岁多时患上了类风湿关节炎，因未能得到及时医治，右腿比左腿短了 8 厘米，走起路来一瘸一拐。从小要强的他并未因腿疾而自卑，学习刻苦用功，放学后还帮着父母做家务、干农活。但由于家庭条件差，在弟弟周世成出生后，他放弃上学，把读书的机会留给了弟弟，并担起了护送弟弟上学的责任。由于类风湿关节炎久未治愈，周世稳右腿肌肉萎缩、骨骼变形，每挪动一步都会隐隐作痛。尽管如此，无论严寒酷暑，他都坚持送接弟弟上下学，直到弟弟小学毕业。为了减轻父母的负担，每回送完弟弟，周世稳就会回家帮着做家务、干农活。虽然步履蹒跚，他仍忙碌在田间地头、坡上坡下。

　　父母去世后，弟弟成家不久，侄女便出生了。孩子出生仅几个月，不能忍受家庭贫穷的弟媳就离家出走，从此杳无音信。2005 年，在外务工的弟弟周世成积劳成疾，被诊断出患有鼻咽癌、血管瘤等多种疾病。身为兄长的周世稳四处筹钱给弟弟治病，同时还要抚养两岁的侄女。2011 年，弟弟的病情恶化。虽然周世稳已举债数万元送弟弟去市里的大医院治疗，但弟弟终因医治无效而离开人世。为了抚养侄女，也为了还清债务，周世稳打零工、编背篓，想着法儿赚钱，但日子却越发艰难。一次偶然的机会，周世稳接触到入殓师这个收入可观却令许多人"敬而远之"的职业。他毫不犹豫选择成为一名入殓师，也靠着这份工作撑起了侄女的生活。

　　打记事起，侄女就和周世稳生活在一起。在她的眼中，大伯就是父亲，大伯在，家就在。侄女回忆，小学六年级那年，她患上心肌炎，父亲又刚去世不久，大伯毫不犹豫地借来 1 万余元带她去城里治病。2020 年，侄女以 587 分的优异成绩考入重庆师范大学，这让周世稳感到莫大的欣慰。周世稳认为弟弟在天上若能看到女儿出落得如此优秀，一定就安心了。

（开州区文明办供稿）

────────── 致敬词 ──────────

　　"爱"字当头，"责"字为重。你身体残疾，从未妨碍你践行"男子汉大丈夫"的担当；你心中有爱，始终鼓励你活出自强不息的人生。

孝老爱亲

小传　黄燕，1992 年生，重庆市云阳县江口小学教师。弟弟因车祸去世后，将弟弟的两个孩子视如己出，抚养他们健康成长。

黄　燕

2017 年，黄燕的弟弟骑摩托车遭遇车祸去世，打破了一家人幸福平静的生活。当时，弟弟的儿子年仅 3 岁，女儿只有 2 岁。弟弟撒手而去，弟媳便回了河南老家，再没有和孩子们联系过。面对束手无策、老泪纵横的父母和嗷嗷待哺、年幼无知的侄儿侄女，黄燕成为了家里唯一的顶梁柱。

当时，黄燕还没有结婚。面对独自赡养年迈的父母双亲、抚养年幼的侄儿侄女的重担，她丝毫没有退缩。然而，她却没能得到未婚夫的理解。黄燕毅然选择了退婚，在她看来，没有什么比亲人更重要。黄燕下班后种菜，周末出去打零工，只为让父母能穿上新衣，让孩子们能够吃得好一点，长得好一点。从 2017 年到今年，4 年多时间的辛苦付出和不懈坚持，感动了另一颗心灵。

黄燕的小学同学唐浩茄被黄燕的孝心与坚守深深感动，决心在未来的人生中陪伴她照顾双亲，抚养侄儿侄女。黄燕有了自己的小家，也从未懈怠过对亲人的照顾。侄儿侄女在黄燕的照顾下，性格阳光、活泼开朗，学习也认真刻苦。姑姑的付出，小小的他们都看在眼里，感激在心里。

黄燕孝学校的师生都深受感动。他们这样说："黄燕老师将弟弟留下的孩子视如己出，让我们看了都很感动。同时，她对自己班上的孩子，也倾注了全身心的爱。"

（云阳县文明办供稿）

致敬词

孝老
爱亲

命运无常使幼子失怙，姑母大爱做抚养恩人。你以一己之力扛起家庭重担，用实际行动诠释孝老爱亲的美丽内涵！

欧杏梅

2005年，巫溪县白鹿镇中坝村青年邱成海在广东省中山市打工时结识了当地女孩欧杏梅。因为爱情，欧杏梅放弃大城市的优越生活条件，毅然嫁到了大山之中的巫溪县白鹿镇中坝村，成了一名外来媳妇。

山村小伙娶到城市姑娘，这段姻缘在邱成海老家一带一度引起轰动。邱成海家是建档立卡贫困户，父亲邱家顺早些年在工地受伤造成瘫痪，常年需要有人服侍。有村民议论："大城市的姑娘，能愿意伺候瘫痪的公公？"这话也传到了邱家顺老两口的耳中，老两口思来想去，在儿子成亲后的第二天，邱家顺把小两口叫到跟前，提出让一对新人都回到广东去闯事业。出乎老人意料，儿媳妇一口否决："我们早就商量好了，成海接着去打工，我留下来照顾你们二老。"就这样，欧杏梅留了下来。作为一名广东人，她对巫溪的天气、饮食和风土人情都有些不习惯。但她把家里打理得井井有条，并就近灵活务工补贴家用。

常言道，久病床前无孝子。邱家顺瘫痪25年，除了出行要靠轮椅，还有皮肤病等并发症。15年来，欧杏梅为公公理发、捶背、剪指甲，一样也没落下。为了使老人生活得舒心一些，她还学习了按摩手法，为老人按摩，让他的四肢保持活动能力。儿女出生后，欧杏梅并没有因为照顾孩子而疏忽老人。

老人常常说："我们早把她当成自己的亲闺女了。她这么多年照顾我们老两口，从来没有一句怨言。凡是好吃的、好穿的，总是先想着我们。有这样的儿媳妇真是前辈子修来的福气。"每当说起妻子，丈夫邱成海都忍不住眼眶发红，是感动，更是感激。"我常年在外务工，全家大小事情都靠她，她是我这辈子最大的福分。"两个孩子在妈妈的影响下，不仅学习成绩优秀，而且都非常孝敬爷爷奶奶，还会关心帮助身边的人。

（巫溪县文明办供稿）

—— 致敬词 ——

　　十五载风雨，你不离不弃；一生的承诺，你坚强践行。你用无微不至的点滴真情，诠释至善至孝的中华美德。

孝老爱亲

廖克力

廖克力出生于1990年，是一名土生土长的重庆人。5岁时，一场意外导致他右上臂被截肢，身体多处皮肤接受移植，经鉴定为肢体二级残疾。1998年，他入学重庆市巴蜀小学，但失去右臂的他，左手功能也严重丧失，一个在别人看来很简单的动作他做起来也很困难。小小的廖克力鼓起勇气，用僵硬的指头夹住笔，一遍又一遍地练习写字。过程是痛苦的，但结果是美好的。经过几年反复的训练后，他严重残疾的左手不仅能拿笔写字，还能吃饭穿衣。年幼的他付出了常人难以想象的努力，也取得了非凡的成绩。他先后获得了重庆市"三好学生""好干部"等荣誉。在1999年重庆市渝中区中小学四驱车比赛中，他口、手、脚并用，以优异成绩获得小学组第一名。后来，他还被全国少工委、中国残联授予"自强不息好少年"荣誉称号。

2001年，他机缘巧合接触到乒乓球，从此热爱上了这项运动，开启了一边学习，一边参加乒乓球训练的生活。从重庆到陕西银河乒校、山东鲁能乒校、重庆铁路中学，再到中国残疾人乒乓球国家队，他历经艰辛，克服困难，终于成为一名"特殊"而专业的乒乓球运动员。

2005年，廖克力参加了全国残疾人乒乓球锦标赛，一举获得团体亚军、单打季军，从此在各类乒乓球赛场上崭露头角。他三征残疾人奥运会，作为中国残疾人乒乓球国家队男队队长，他带领队员们一同拼搏与成长。从2012年伦敦残奥会乒乓球团体的第5名，到2021年东京奥运会乒乓球男子团体金牌、乒乓球男子单打铜牌，廖克力实现了残奥会上重庆籍选手金牌的"零突破"。

（渝中区文明办供稿）

致敬词

"乒"搏筑梦当自强，为国争光创奇迹。不完美的身体里，藏着伟岸的信念和力量。你是家乡与祖国的骄傲，是青春与生命的赞歌！

自强不息

小传　夏洪勇，1973 年生，重庆市潼南区崇龛镇明月社区 6 社居民。靠勤劳的双手成功脱贫成为"西瓜大户"，带动乡亲们共奔致富路。

夏洪勇

2011 年，因为母亲患病，两个读初中的子女也需要照顾，夏洪勇和妻子放弃了外出打工的念头，靠卖菜为生。但微薄的收入对开销巨大的家庭无异于杯水车薪。于是，夏洪勇整天都在思考干点什么才能让家里的经济情况好转。之后，一位浙江商人来到明月社区，流转了 50 亩土地，用来种植西瓜，夏洪勇自告奋勇，成了基地的工人。经过大半年对育苗、催芽、播种、苗床管理等相关知识的学习，他的种植技能有了很大提高。2013 年，夏洪勇决定出来单干。他向亲戚朋友借了一些钱，同时，村两委也积极为夏洪勇协调了30 亩土地，为他申请了 5 万元小额贷款，夏洪勇的"西瓜梦"从此开始生根发芽。

一分耕耘一分收获。第一年，夏洪勇卖西瓜的收入就达到了 6 万元，"首战告捷"的夏洪勇劲头越来越足，他开始联系重庆、贵州等地的西瓜收购商，扩大种植规模。2017 年，由于基地良好的效益，夏洪勇成功脱贫！2021 年，他的基地规模已经扩大到 60 亩地，西瓜年收入能达到 10 余万元，再加上平时种些蔬菜，搞点养殖，一年能进账 20 余万元，夏洪勇的生活发生了翻天覆地的变化。

虽然自己富起来了，但夏洪勇没有忘记给予他莫大帮助的父老乡亲。他免费向乡亲们传经验、教技术。村民唐礼照就是在夏洪勇的带动下搞西瓜种植的，他现在已经拥有40 亩规模的西瓜基地，一年的收入能达到七八万元。除了传授乡亲们种瓜技术，夏洪勇还把收购商介绍给乡亲们，让乡亲们种的瓜不愁销路。

2021 年，他又流转了 80 亩地，种上了沃柑和耙耙柑，并带领更多的乡亲们参与种植，瓜香果香飘满明月社区村民的致富路。

（潼南区文明办供稿）

------- 致敬词 -------

与田地为伴，潜心耕耘西瓜事业；以农民为亲，奋力谱写共富篇章。你带领乡亲们在田野上开掘希望，种下致富的新芽，描画幸福生活的美好蓝图。

自强不息

小传　　彭英，1986 年生，重庆市远大印务有限公司装订部装订工。听力一级残疾却自强不息，从事印刷装订工作 12 年，凭借自身努力，创造精彩人生。

彭 英

　　出生在江津区一个农村家庭的彭英，从小就"被上帝关上了一扇窗"。因小时候发高烧，用药不当，彭英患上了听力一级残疾，几乎听不见任何声音。因为听力障碍，彭英的求职过程一波三折。她曾到工厂去当织衣工，明明努力干了三个月，却依然被企业拒之门外。之后，彭英又鼓起勇气敲开过很多企业的门，最终都因听力障碍被企业拒绝录用。但她没有被命运击倒。"虽然有点失望，但我没有绝望。"12 年前，彭英得知重庆市远大印务有限公司招收残疾员工，便满怀热情地去报名，最终被录取。在这里，她从事印刷装订工作，开启了自己全新的精彩人生。从业 12 年来，彭英凭借自身努力取得了突出的工作成绩，生活也变得丰富多彩。

　　经过不断地努力，彭英完全掌握了工作内容。清检，打钉，包本，检查票据是否有花糊、走板、漏号等问题……整个工作流程，她早已烂熟于心。她可以做到每分钟清检 260 印，每天重复几万次清检工作。凭借与机器设备比肩的准确率和绝对的速度优势，彭英成为名副其实的"票据扫描仪"。2017 年，彭英参加中央电视台举办的《相聚中国节·劳动最光荣》节目，以每分钟清检票据约 260 张的成绩获得"劳动达人"称号，成为很多人钦佩的对象。她还加入了公司的残疾人艺术团，多次代表公司参加活动，如参加市残联组织的"千手观音"表演。2019 年，她还自发组织公司其他听障员工去国外旅游。

　　面对生活，彭英用这样一句话鼓励自己："挺过风雨，就能见到彩虹。"彭英有一个 7 岁的儿子，虽然她不能像其他的妈妈那样流利地与孩子对话，但即使一字一字地吐词，她也时常告诉孩子，无论顺境逆境，只要自己积极面对，就是最好的环境。

（两江新区文明办供稿）

致敬词 ────

　　乐观是希望的明灯，它指引着你从残缺世界步向坦途，使你在人生舞台演绎精彩。你是无声世界的美丽精灵，将奋斗与不屈书写，将大爱和力量传递！

自强不息

重庆好人地图

2021年度

"我推荐我评议身边好人"活动

围绕培育和践行社会主义核心价值观，深入开展先进典型学习宣传，充分展现"重庆好人"的感人事迹和高尚精神，营造崇德向善、见贤思齐的浓厚社会氛围。

2021年度"重庆好人榜"

助人为乐 24 人

刘西军　周庆书　朱崇素　程伯成　江平万　么周力　柴海燕　蔡家泽　李明忠　陈茂秀
罗成凤　陈昌龙　田朝树　杨凤连　胡朝木　吴建新　杨明国　罗光碧　田桂兰　刘芹佛
彭道明　晏春明　代　云　谭吉林

见义勇为 17 人(组)

胡显峰、曾　蔚　廖　乔　李兴波、杨孝刚　刘　伟　代启坪、霍建明　蒋　勋　王红旭
陈在华　邓小春　张　淋　钟志国　张前伦　王小波　王静波　李陵川　姜成高、唐春梅
魏纯洋

诚实守信 7 人

邵　健　杨永菊　高利华　蒲承祥　倪尔强　任泽林　吴兴宏

敬业奉献 43 人

杨　俊　成秋菊　邱雪松　龚佑君　聂国祥　宋　康　张　毅　何　巧　黄朝林　杨大可
蒋世佳　陶永文　张文喜　夏　强　徐小松　邓巧林　姜　鹏　匡安亮　段　军　陈恩录
谢向红　赵福乾　谢雪梅　杨德群　何晓梨　彭小兵　黄永建　王　迪　贺晓宁　马晓燠
冯中成　程　飞　杨永根　张致力　王海兵　郑友谊　余行江　王南乔　黄德利　冉义芳
王明先　黄增平　袁　华

孝老爱亲 14 人

阮仕合　陈宗文　匡秀琼　张锡会　冉维梅　陈宜琼　娄必琳　廖成志　方才阳　胡正宽
黄　燕　张吉莲　欧杏梅　周世稳

自强不息 13 人

付体碧　王贞六　杨声林　刘　冬　杨云刚　周小琴　代平英　黄国富　王传权　胡发久
廖克力　夏洪勇　彭　英

王海兵

马晓燠

娄必琳

可扫二维码关注"文明重庆"了解重庆好人的详细事迹。

一群好心人 ❤
温暖一座城

聂国祥

王红旭

高利华

城口县

巫溪县

开州区

云阳县

奉节县

巫山县

万州区

梁平区

垫江县

忠县

石柱土家族
自治县

丰都县

彭道明

柴海燕

渝中区

长寿区

涪陵区

黔江区

南岸区

武隆区

彭水苗族土家族
自治县

谭吉林

南川区

綦江区

酉阳土家族苗族自治县

● 两江新区 👨‍👩‍👧
● 西部科学城
　重庆高新区 👨‍👩‍👧
● 万盛经开区 👨‍👩‍👧

秀山土家族
苗族自治县

廖克力

王贞六

图　例

👤 助人为乐
👤 见义勇为
👤 诚实守信
👤 敬业奉献
👤 孝老爱亲
👤 自强不息

主　办　中共重庆市委宣传部　重庆市文明办
编　制　重庆市勘测院（重庆市地图编制中心）
审图号　渝S（2022）026号

重庆
好人传
2021年